京都学派

菅原　潤

講談社現代新書

2466

目次

エピローグ　自文化礼賛を超えて——京都学派のポテンシャル　220

プロローグ　なぜ今、京都学派なのか

最近の内外の情勢

日本が焦土と化した第二次世界大戦から七〇年を過ぎた現在、周知のように国内外ともにきな臭い状況になりつつある。安倍晋三《あべしんぞう》首相は「日本を取り戻す」を連呼しつつ、周辺諸国との歴史認識を共有しないまま安保関連法を強引に成立させ、憲法改正をも政治日程に入れつつある。

海外に目を転じれば、イラクとシリアの不安定な政治状況のなかでつい最近まで「イスラム国」が勢力を拡大し、EU諸国では急激なシリア難民の流入により軒並みに移民政策の転換が検討されており、イギリスは二〇一六年の国民投票の結果、EU離脱を選択した。「自由の国」アメリカですら、同年の大統領選で共和党のトランプ候補が「アメリカを再び偉大にする」の名のもとで人種差別的発言を連発し、そのことで支持者の喝采を浴びるにとどまるどころか、大方の予想に反して当選し、排外主義的な雰囲気が全世界を覆っている。他方で二〇一一年に発生した東日本大震災に伴う東京電力福島第一原発のメルトダウン（炉心溶融）、水素爆発事故では、事故収束のために費やされる歳月が複数世代に

またがることが必至となり、改めて地球環境問題の重要性が浮き彫りになりつつある。

こうした不安定な世情のなか、よりにもよってなぜ今「京都学派」を取り上げるのかといぶかしく思う向きがあるかもしれない。この問題設定にピンとこないネット世代の読者も多数いると思うので、少し一般的な説明をしておこう。

第二次世界大戦と太平洋戦争

第二次世界大戦とは一九三九年から一九四五年まで全世界を巻き込んだ世界戦争で、アメリカ・ソ連（現在のロシア）・イギリス・中国などの連合国と、ドイツ・イタリア・日本の枢軸国《すうじくこく》が戦い、前者が後者を打ち負かした。勝者である連合国が国際連合（略して国連）を形成して戦後の枠組みを決定し、現在にまでいたっている。日本語だと別々の言葉に思える「連合国」と「国際連合」が、英語ではUnited Nationsと同じ表記になることに注意をしてもらいたい。安倍首相が「戦後レジームの脱却」を唱えることの裏には、こうした国連中心の平和構築を見直す意図がある。

「第二次世界大戦」という言葉になじみのない若い読者でも、七〇年ほど前に日本とアメリカが戦争をしたことはうすうす知ってはいるだろう。この戦争は一九四一年から一九四五年までの「太平洋戦争」のことであり、日本はアメリカに二発の原爆を落とされたあげくに無条件降伏をして終わった。現在の多くの国民はなぜ日本が超大国アメリカと勝つ見込みのない戦争をしたのか分からないかもしれないが、政府によるメディア操作により世論が開戦に同意したと言えば、昨今急激に強化されたメディア統制の現況からある程度は類推できるのではないだろうか。現在では何かとネトウヨから目の敵《かたき》にされている朝日新聞、民主党の原型とも言える社会大衆党も戦争を賛美した。知識人や文化人も例外ではなく、後述する昭和研究会や日本文学報国会などに参画して戦争を支持する言説を垂れ流し、それらが戦争を支持する世論を形成してきた。

公職追放について

ところが敗戦を迎えて連合国総司令部（GHQ）が日本を占領するなかで、こうした世論形成をした人物は公職追放に処されるようになった。公職追放とは言うなればA級戦犯の文化バージョンのようなもので、安倍首相の祖父で後に首相になった岸信介《きしのぶすけ》（一八九六～一九八七）のように、戦後しばらくは社会的活動に一定の制限が課せられた措置のことである。こうした状況を受けて戦中に大部分の知識人と文化人が戦争協力に回ったにもかかわらず、そうした戦争協力者たちのあいだで「本当」の犯人探しがされるようになった。その際にやり玉に挙げられたのが知識人では京都学派、文化人では日本浪曼派《にほんろうまんは》のグループである。具体的に言えば、後述する京大四天王と称される西谷啓治《にしたにけいじ》（一九〇〇〜九〇）、高坂正顕《こうさかまさあき》（一九〇〇〜六九）、高山岩男《こうやまいわお》（一九〇五〜九三）、鈴木成高《すずきしげたか》（一九〇七〜八八）は、第三章で詳述する座談会「世界史的立場と日本」その他における好戦的な発言の是非を問われ、いずれも国立大学の教員としては不適格と判定され、京都大学を辞職した（このうち西谷のみが京大に復帰）。ある年代より上の世代が「京都学派」という語にアレルギーを感じるのは、忌まわしい戦争の記憶がまとわりついているからである。

日本浪曼派と京都学派

それでは「本当」の文化的戦犯とされた二つのグループは、いかなるものだったのだろうか。話の都合上、日本浪曼派から先に説明しておく。日本浪曼派とはドイツ・ロマン派をベースとして日本独特の美意識を追求した文学運動であり、亀井勝一郎《かめいかついちろう》（一九〇七〜六六）と保田与重郎《やすだよじゅうろう》（一九一〇〜八一）といった評論家や、伊東静雄《いとうしずお》（一九〇六〜五三）といった詩人が中心的である。とりわけ保田の『万葉集の精神』（一九四二年）は、神風《しんぷう》特攻隊や後述する人間魚雷「回天《かいてん》」での特攻を強いられた若い戦士の愛読書とされていた。日本浪曼派を代表する小説家は存在しないが、ノーベル文学賞候補とされながら割腹自殺を遂げた三島由紀夫《みしまゆきお》（一九二五〜七〇）が、このグループの流れを汲むとされる。日本浪曼派については、座談会「近代の超克」を扱う第三章で触れることとする。

次に本書のテーマである京都学派である。一般的に言って京都学派とは、西田幾多郎《にしだきたろう》（一八七〇〜一九四五）が創始し、田辺元《たなべはじめ》（一八八五〜一九六二）がこれを継承して、先述の西谷・高坂・高山・鈴木といういわゆる京大四天王が展開した西洋哲学研究の学派のことである。ここで挙げた六人はいずれも京都大学を根城にして活動していたので、同大学の所在する土地がグループ名になっている。

他方で西田が座禅により思索を深めたこと、また田辺をはじめとする幾人かが仏教に造詣《ぞうけい》が深かったことと相俟《あいま》って、東西思想の融合が京都学派の課題となった。こうした京都学派の姿勢が太平洋戦争当時の「大東亜共栄圏《だいとうあきょうえいけん》」のスローガンと結びつき、戦争協力の哲学だと指弾されるようになったわけである。

西田哲学の光と影

敗戦直後に京都学派の活動が大幅に制限されたことは、日本浪曼派に比べて深刻な状況だった。なぜなら文学のなかでは日本浪曼派に取って代わる運動がいくらでも存在したのに対し、京都学派に代わる哲学の学派がわが国に存在しなかったからである。しかしそのことよりも、京都学派の祖である西田幾多郎の哲学（一般に西田哲学と呼ばれる）が今もなお、日本で唯一独創的な哲学だと見なされている以上、西田およびその弟子たちが戦争協力に手を染めたという事実は、重く受け止めなければならない。

けれども戦後の多くの哲学研究者たち（そのなかには京大出身者ももちろん含まれる）はこの事実を直視しないどころか、あたかも戦前日本には西洋哲学の研究など一切なかったかのような素振りをし、横文字で書かれた思想を縦文字に変換する作業が哲学の仕事とされる時代が続いてきた。

通史から見た京都学派

けれども一九九〇年代以降、西田哲学が、こうした国内のコンテクストとは関係なく西洋哲学の限界を打破するポテンシャルをもつものとして海外で評価され、これを受けて当の京大で二〇〇〇年に日本哲学史の講座が開設されてからは、京都学派の有していた国際性は、この学派誕生の当初から偏狭なナショナリズムを克服する側面を備えていたと見なされつつある。それゆえ本書では、先述の西田・田辺・西谷・高坂・高山・鈴木を中心とした京都学派の流れを、しばしば黙殺されてきた戦後の動向も含めて通史的に追っていくことにする。

以上のような経緯から、本書が取り扱う主要人物は、今しがたその名を挙げた六名ということになるわけだが、この人選について、京都学派の事情に不慣れな向きと詳しい向きの双方から疑問の声があがると思うので、少し付言しておきたい。

東大と京大

第一の疑問は、わが国を代表する哲学の学派が、なぜ名実ともに最高学府である東京大学ではなく、二番手の京都大学から始まったのかという、ごく素朴なものである。現在でもトップクラスである北海道大学・東北大学・東京大学・名古屋大学・京都大学・大阪大学・九州大学といった旧七帝国大学（七帝と言う場合もあり）のなかでも最古の伝統を誇るのはもちろん東大であり、京都学派の基礎を築いた西田幾多郎と田辺元もその門をくぐっている。それゆえ第一章では京都学派の前史として明治期の東大哲学科を取り上げ、そのスタッフが日本の哲学研究をリードできなかった理由を明らかにする。

コラムについて

第二の疑問は、京都学派の創始者として西田と田辺を数えるのは当然としても、これに続くと見るべき哲学者は京大四天王ではなく、三木清《みききよし》（一八九七〜一九四五）ではないかというものである。なぜなら三木は平易な文章で哲学を分かりやすく語る文体によって多くの読者を獲得し、その名声は四天王どころか田辺元さえしのぐ勢いだったからである。これに対しては、西田が定年退官直前のときに京大哲学科の人事を仕切っていた田辺が三木と感情的に対立し、三木を京大の教員として迎え入れなかった事実を挙げておきたい。確かに三木は学生時代に西田に可愛がられてはいたが、本書ではこの事実を重視することとする。

制度的に二人の哲学者の後任になったのは高山岩男であり、また公職追放後に西谷啓治のみが京大哲学科に復帰したことに鑑みれば、四天王のなかでも西谷と高山がリーダー格だったと言えるだろう。こうした事情を踏まえ、三木については、京大四天王がそろい踏みをした座談会「世界史的立場と日本」に先行する昭和研究会前後の文脈に限定した扱いにとどめ、戸坂潤《とさかじゅん》（一九〇〇～四五）、梯明秀《かけはしあきひで》（一九〇二～九六）、船山信一《ふなやましんいち》（一九〇七～九四）などといった三木以外の左派の哲学者たち、および京都学派の主流からはいささか外れる九鬼周造《くきしゅうぞう》（一八八八～一九四一）や和辻哲郎《わつじてつろう》（一八八九～一九六〇）、また東大出身ではあるが京都学派について優れた論考を残した広松渉《ひろまつわたる》（一九三三～九四）をコラムで取り上げることにする。

京都学派の特徴

主に論じられる四人の哲学者の思索から、京都学派の特徴を三つ挙げてみよう。

1．弁証法を基軸とした透徹した論理的思考。いずれの哲学者もヘーゲルを代表とする弁証法との対決を通じて、独特の論理的思考を展開している。西田の場所の論理、田辺の種の論理、高山の呼応的関係がこれに相当する。

2．東洋的（ないしは日本的）思想への親和性。西田が参禅を通じて自らの思索を深めたのは有名な話である。西谷も禅に造詣が深く、また晩年の田辺もキリスト教と禅と浄土系の思想の融合を試みている。ただし彼らの言及する思想は禅や浄土真宗といった日本仏教の特定の宗派に限定され、戦後の上山春平《うえやましゅんぺい》（一九二一～二〇一二）の日本文明史や梅原猛《うめはらたけし》（一九二五～）の日本学に比すれば、日本文化全体の理解を目指すものとは言えない。この事情については、第四章で触れることとする。

3．現代思想の批判的摂取。当時の最先端の思想をいち早く紹介し、しかも批判的に自らの体系構築に取り入れている。田辺はハイデガー（一八八九～一九七六）の思索の動向に終始注意を払っていたが、その思索を「生の存在学」と規定し自らの立場である「死の弁証法」からは一線を画した。高山は新カント派のカッシーラー（一八七四～一九四五）から人間学を、プラグマティズムのデューイ（一八五九～一九五二）から探究の論理を摂取し、それぞれ『文化類型学』（一九三九年）と『場所的論理と呼応の原理』（一九五一年）の骨格とした。この点において、外来思想を紹介するだけの「安全運転」を心がける昨今の研究者とは雲泥の差である。とりわけプラグマティズムとの関係はきわめて重要である。

4．本場の欧米に匹敵する西洋哲学研究の水準。岩波書店とともに哲学関係の図書を発行する老舗《しにせ》の出版社に弘文堂《こうぶんどう》書房（現在の弘文堂）があるが、同書房で企画された西哲叢書《せいてつそうしょ》の枠内で、高山岩男と高坂正顕がそれぞれ『ヘーゲル』（一九三六年）と『カント』（一九三九年）を著して、いずれも世界最高水準の研究書と評価されている。京都学派は独自の哲学体系の構築を目指すだけではなく、今日の西洋哲学研究の土台をなすための啓蒙的な活動も盛んにおこなった。

詳しくは第二章で扱うが、田辺元は西田幾多郎の「場所」論を新プラトン主義とヘーゲル弁証法との絡みで論じることによって、西田哲学を西洋哲学史に位置づける仕事に先鞭をつけたといってよい。よく田辺哲学は西田哲学と較べて独創性に乏しいと批判されるが、田辺によるこうした西田評価がなければ、ひょっとしたら西田哲学は、わが国における一過性の文化的現象と片付けられていたかもしれない。田辺の努力があってこそ、その後の京都学派における現代思想の取り入れもスムーズにいったと考えてよいだろう。

弁証法について

西田、田辺、西谷、高山の四人を第二章、第三章の前半で取り上げたうえで、第三章の後半では彼らの戦争協力の実態についても考察していくが、その前に、四人をつなげる弁証法について、少し解説をしておきたい。

弁証法は、古代ギリシアの哲学者、ソクラテスによる問答法を意味する語に由来する。だが、今日的な意味での弁証法を提唱したのはドイツの哲学者のヘーゲル（一七七〇～一八三一）である。単純化して言えば、ヘーゲルは、ある主張（正）には必ずこれに反対する主張（反）が存在し、両者のあいだで対立が深まるものの、次第にその対立を和解させ統一させる主張（合）が登場することにより、哲学体系は前進するとした。この正→反→合の論理構造が弁証法である。

このヘーゲルの主張を物質的生産に適用したのがマルクス（一八一八～八三）だが、京都学派の哲学者たちはおおむねマルクスには批判的で、もっぱらヘーゲル哲学に即して自らの弁証法理解を深めていった。一部繰り返しになるが、西田幾多郎の絶対矛盾的自己同一、田辺元の種の論理、西谷啓治の主体的無がそうであり、また京都学派には属さないが、東北大学を根城に活動した高橋里美《たかはしさとみ》（一八八六～一九六四）の「包弁証法《ほうべんしょうほう》」もこの一例である。

東北大学の存在

ここで重要になるのが東北大学の存在である。東北大の設立は旧帝国大学では東大（一八七七年）・京大（一八九七年）の次に古い一九〇七年であり、とりわけ理学部の科学哲学概論では田辺元、高橋里美、三宅剛一《みやけごういち》（一八九五～一九八二）といった名だたる学者が教鞭を執った。このうち三宅は高橋の後に文学部に在籍した後、一九五四年に古巣の京大文学部に異動して京都学派の再建に尽力した。

この三宅と高橋の関係が、戦後の京都学派の評価を決めるメルクマールの一つだったと言える。なぜなら高橋は学生・教員時代を含めて一度も京大と関わりを持たず、京都学派の総本山である西田と田辺を真っ向から批判したのに対し、三宅はそうした高橋の立場にも配慮しつつ、西田哲学と西洋哲学研究の調和を志向したからである。こうした三宅の立場が、現在の落ち着いた京大哲学科の方向性を決定づけた。その立場によれば、戦後の京大哲学科は西田哲学に一定の配慮を示しつつも、基本的には堅実な西洋文献の研究に取り組むべきだということになる。

こうした戦後の京大哲学科の活動に物足りなさを感じる読者は、先述の上山春平のなかに京都学派の正統な後継者を見出すかもしれない。上山は京大哲学科の出身だが、その活動の拠点は京大は京大でも、フランス文学者の桑原武夫《くわばらたけお》（一九〇四〜八八）らが創設した人文科学研究所（略して人文研）だった。その人文研で活動する以前に桑原は東北大学に五年在籍していたから、京都学派の後継者を三宅か上山のいずれとするにしても、東北大学の存在は重要である。その事情についても、第四章で取り上げることとする。

世界情勢における京都学派

これらを受けてエピローグでは、戦争協力の責任のある京都学派が二一世紀においてどのように位置づけられるかを考察する。そこでポイントとなるのが、第四章で取り上げる上山春平である。なぜなら上山は戦時中に人間魚雷の「回天」に乗り組むという極限の体験をしており、その経験が、自ら掲げる日本文化史の構想にも深い影を落としているからだ。

戦時中に取り返しのつかない愚かな経験をした日本を等身大で受容する上山の態度にわれわれは、戦時中の京都学派のなした体系構築からの新たな意味を見出すことになるだろう。また同時に、この同じ視点のもと文芸評論家柄谷行人《からたにこうじん》（一九四一〜）の昨今の活動を批判的に検討することにより、混迷の時代に入りつつある世界情勢のなかでのポスト京都学派の命運を探ってゆく。

なお総じて哲学者の文章は難解なので、主として座談会や回想文のみを引用し、煩瑣《はんさ》を避けるため参考文献の出典表記を省略することをご寛恕願いたい。また言及する人物については、ヘーゲル以降の現代人に限って生没年を表記することにした。主要な哲学者の原典に当たりたい読者は、巻末の読書案内を参照されたい。

第１章　それは東大から始まった
——フェノロサから綱島梁川まで

井上哲次郎

フェノロサとヘーゲル

先述のように東京大学は、一八七七年に旧帝国大学のなかで最初に設立された国立大学である。こう書くと国立ではないものの、福沢諭吉《ふくざわゆきち》（一八三五～一九〇一）が明治以前に創立した慶應義塾《けいおうぎじゆく》大学の方が東大より古いのではないかと反論する向きもあるだろうが、慶應義塾が大学として認可されたのは、旧帝大で五番目に設立された北海道大学（一九一八年）よりも遅く、大学令が公布された一九二〇年であるのに注意されたい。現在でも日本はこと教育においては官尊民卑の国である。

東大の前身は幕末につくられた江戸幕府の複数の施設だが、頻繁に統廃合を繰り返したのでその詳細は省略し、話を文学部哲学科に限定したい。現在で言うところの文学部は、一八七七年の開学当時から存在した。だが、史学・哲学・政治学科からなる第一科と和漢文学科のみの第二科からなる変則的な形態をなしていた。そうしたなかで哲学と政治学を講じたのがフェノロサ（一八五三～一九〇八）である。フェノロサと言えばその弟子の岡倉天心《おかくらてんしん》（一八六三～一九一三）とともに日本美術の再発見者というイメージがまとわりつくが、来日当初はヘーゲルを中心にした講義をおこなっていた。エピローグでも紹介するように京都学派の哲学者たちはヘーゲルを代表とする弁証法と格闘するが、この時点ですでにヘーゲルが問題になっていたというのは、興味深い。

井上哲次郎——最初の日本人哲学者

周知のように明治初期は西洋の知識を身に付けた日本人はごく僅かだったので、多くの場合は外国人教師による外国語の授業がおこなわれていた。言うなれば、明治初期は今以上のグローバリズムの時代だったのである。ただしこうした外国語の授業を受けて無事大学を卒業した学生をそのまま大学に残し、今度は教師として日本語で講義をさせるというのが、当時の東大の方針だった。この方針にのっとって日本人で最初に哲学者になったのが、井上哲次郎《いのうえてつじろう》（一八五六〜一九四四）である。

井上は福岡県出身、東大が開学した一八七七年に入学、文部省御用掛を経て一八八二年に東大助教授、ドイツ留学を経て一八九〇年に教授に昇進、以後一九二三年に退官するまでこの職にあった。井上は後述する理由により、講義のなかで東洋哲学を多く取り上げた。この事実だけを取り上げると井上のことを戦中のナショナリズムの先駆けだと受け取りたくなるかもしれないが、彼には最初から西洋思想を深く学ぶつもりなど毛頭なく、とりわけその根幹にあるキリスト教を嫌悪していただけだったというのが実態である。

キリスト教に無理解な井上

文部省御用掛の時分に井上に課せられた課題は東洋哲学史の構築であり、儒教に造詣《ぞうけい》の深い井上は、その成果を後日『日本陽明学派之哲学』（一九〇〇年）、『日本古学派之哲学』（一九〇二年）、『日本朱子学派之哲学』（一九〇五年）の三部作にまとめた。これらの著作は現在も儒教研究者のあいだで評価が高く、また井上自身も文部省に与えられた課題はやすやすと達成できたと思っていたのだが、ドイツ留学中に西洋において東洋哲学として主に想定されているのが自分が得意とする儒教ではなく仏教だということに気づき、洋書を通じて仏教についての理解を深める傍ら、仏教に近いショーペンハウアー（一七八八〜一八六〇）、エドゥアルト・フォン・ハルトマン（一八四二〜一九〇六）といった哲学者を日本に紹介した。つまり井上の西洋哲学の理解は、あくまでも東洋哲学史のためのものだったのである。なお井上と同時期にドイツに留学したのがあの森鷗外《もりおうがい》（一八六二〜一九二二）で、やはり森もこの二人の哲学者から影響を受けている。

ここまでの叙述から容易に推測できることだが、西洋を理解するためにはどうしても通過しなければならないキリスト教を、井上は敵視していた。わが国におけるキリスト教徒への迫害事件としてよく知られているのは、わが国独特の無教会派の創始者である内村鑑《うちむらかん》三《ぞう》（一八六一〜一九三〇）の不敬事件《ふけいじけん》である。内村がキリスト教精神にのっとり第一高等学校（現在の東京大学教養学部。略して一高）嘱託《しょくたく》教員の時代に教育勅語の奉読式《ほうどくしき》で最敬礼しなかったというのがこの事件だが、井上は激しくこれを論難し、ついに内村は辞職に追い込まれた。こうした井上のキリスト教への無理解が、東大哲学科の人事に暗い影を落とすことになる。

中島力造と元良勇次郎

ここまでは東大のなかで哲学の名を奉じた講義がなされたというだけのことに過ぎず、まだ東大に哲学科は成立していない。哲学科が成立するためには、哲学を専門に教える教員はもちろんのこと、倫理学や心理学といった近接領域のスタッフをそろえた体制が整備されなければならなかった。東大の場合、これら二つの領域を最初に担当したのが中《なか》島力造《じまりきぞう》（一八五八〜一九一八）と元良勇次郎《もとらゆうじろう》（一八五八〜一九一二）だが、二人はいずれも東大の出身者ではなく、同志社《どうししゃ》英学校出身であったことに注意すべきである。

同志社英学校について

ここで現在の同志社大学に相当する同志社英学校について、若干の説明をしておこう。二〇一三年ＮＨＫ大河ドラマ『八重の桜』により広く知られるようになったが、同志社の創始者は自身がキリスト教徒である新島襄《にいじまじょう》（一八四三〜九〇）である。新島は幕末期に開港したばかりの函館に潜伏してアメリカへと密航し、アマースト大学を卒業した。アメリカを訪問中の岩倉使節団に通訳として随行し、明治新政府との人脈を築いた。帰国後、気脈を通じた政府高官の援助を受けて京都に同志社英学校を開校し、その校長となった。その第一期生のなかに、中島と元良がいた。

同志社英学校は牧師の養成所ではなく、文字通り英語の習得を目指したものだったが、キリスト教の信仰に支えられた校長の新島の人柄にひかれて入学した学生が多かった。このことを象徴するのが信仰心の厚い熊本バンドからの大量の入学者であり、英語の習得のみを目指す学生たちとたびたび衝突した。その収拾を図るために新島校長は朝礼の際に自分の手のひらをステッキで激しくたたき、学生たちの面前で自らの指導力の欠如を反省した。これが自責《じせき》の杖事件であり、当時熊本バンドの一員だった徳富蘇峰《とくとみそほう》（一八六三〜一九五七）は責任を感じて退学し上京、ジャーナリストとして大成してからは、慶應義塾大学と同じ一九二〇年での同志社大学の開校に向けて尽力した。このように同志社英学校には、井上哲次郎が嫌悪するキリスト教に挺身《ていしん》する情熱が渦巻いていた。そのなかに中島力造と元良勇次郎が含まれていたのは、言うまでもない。

留学先の違い

それではこの二人が同志社英学校卒業後、いかなる経路を通って東大にたどり着いたかを簡単に見ておきたい。中島は一八八〇年に渡米し名門エール大学で博士号を取得後、イギリスとドイツにも留学し、帰国後の一八九〇年に東大の倫理学講座の教授に就任、一九一八年に死去するまでこの任にあった。中島の専門はイギリス理想主義の指導者であるグリーン（一八三六〜八二）で、明治初期に盛んだった功利主義の風潮をドイツ観念論にも通じる人格主義へと転換した。西田幾多郎は中島の著書を通じてグリーンを知り、処女作『善の研究』（一九一一年）の土台とした。

他方の元良の経歴は少し複雑である。当初の志望は中島と同じく哲学だったが、渡米先のボストン大学で哲学科の教員と衝突し退学、ジョンズ・ホプキンズ大学で実験心理学を専攻し博士号を取得後、中島とともに東大の心理学講座の教授に就任、一九一二年に死去するまで在籍した。このように元良は専門を哲学から心理学に変更したものの、留学時代にプラグマティズムの創始者パース（一八三九〜一九一四）などの講義を受けていることもあり、哲学的素養は十分にあったと推測される。なおプラグマティズムの概要については、第三章で高山岩男との関連で述べることにする。

中島と元良と、井上哲次郎の経歴を比較して気づかされるのは、留学先の違いである。先述のように井上が留学したのがドイツだったのに対し、同志社英学校卒の二人は主にアメリカで学んでいる。これは二人の師匠である新島襄がやはりアメリカで学んでいたことと大きく関わっているが、もう一つ注意したいのは、井上は国費で留学したという事実である。井上がドイツに留学していた時期は明治政府がドイツを模範として大日本帝国憲法を起草していた時代とちょうど重なり、留学先をドイツとすることが政府の方針として定められていた。

この方針は基本的に敗戦まで受け継がれ、後述する田辺元、高橋里美、三木清、西谷啓治らはいずれもドイツ語圏の大学に留学している。そのため新島がアメリカから持ち込んだ自由闊達な議論を好む気風は、東大を筆頭とする帝大のドイツ的権威主義に次第に圧倒されることになった。

大西祝と綱島梁川

いずれにせよ井上哲次郎＝哲学、中島力造＝倫理学、元良勇次郎＝心理学という陣営で東大哲学科がスタートした。次の段階は、これら日本人の哲学者の教育を受けて哲学者を養成することである。三人の指導により多くの哲学研究者が東大を巣立っていったが、京都学派を考えるうえで重要なのは大西祝《おおにしはじめ》（一八六四〜一九〇〇）と綱島梁川《つなしまりょうせん》（一八七三〜一九〇七）と波多野精一《はたのせいいち》（一八七七〜一九五〇）である。このうち波多野は自身が京大教授になったので第二章で扱うこととし、本章では同志社英学校とゆかりのある大西と綱島を取り上げたい。

大西祝は岡山県出身、同志社英学校を卒業後、東大に入学、同大学院を中退して現在の早稲田《わせだ》大学に当たる東京専門学校に就職し、後述する綱島などの弟子を育成した。一八九七年には、戦後に設立される日本倫理学会の母体となった丁酉倫理会《ていゆうりんりかい》の創設メンバーとなった。丁酉倫理会では定期的に講演集が刊行され、西田の『善の研究』の一部も掲載されている。一八九八年に東京専門学校を退職してドイツに留学したが、留学先で発病して翌年帰国した。そして京大文学部の設立の準備のため京都に滞在したが、病状が悪化し同地で没した。『良心起源論』（一八九〇年）が代表作であり、西田幾多郎以前ではもっとも重要な哲学者と目されている。

大西は同志社英学校時代に新島襄により受洗しているので、東大在学中はキリスト教嫌いの井上哲次郎と衝突したのではないかと勘繰りたくなるが、大西が在籍した時期はたまたま井上のドイツ留学と重なっていたので、同志社英学校の気の置けない先輩である中島と元良から学ぶという幸運な環境にあった。その代わり帰国後の井上はキリスト教徒であることを理由に、大西が東大に就職することを許さなかった。

その大西の教え子である綱島梁川の足跡は、多くの点で師の大西と重なっている。綱島は大西と同じ岡山県出身で本名は栄一郎、号の「梁川」は受洗した故郷の高梁《たかはし》教会に由来する。先述のように東京専門学校で大西に師事する一方、坪内逍遥《つぼうちしょうよう》（一八五九〜一九三五）の指導の下で文芸・美術評論などもおこなった。病気がちなため定職に就けず、三四歳の若さで死去した。

綱島は体系的な著作を残さず、また逍遥との交流もあってジャーナリスティックな論争を好むところがあった。一九〇二年に現在の東洋大学に当たる哲学館の卒業試験で文部省から見て不適切な設問があったことをきっかけに、哲学館が廃校の危機に見舞われるという「哲学館事件」が発生した際の話が、その一例になるだろう。多数の新聞や雑誌において文部省の施策の是非が論じられたなか、綱島は純粋に学術研究の立場から哲学館を擁護する長大な論考を発表したことで異彩を放っている。この姿勢には、新島がわが国に持ち込んだ自由な言論の気風の跡が認められる。

また綱島は受洗したものの、必ずしもキリスト教一辺倒というわけではなく、『病間《びょうかん》録《ろく》』（一九〇五年）では三回にわたる本人の言うところの「見神体験」、つまりは神との神秘的合一の体験がつづられており、またキリスト教と仏教のあいだで信仰が大きく揺らいでいたことが読み取れる。

キリスト教抜きの西洋哲学受容――東大哲学科の特徴

厳密に言えば綱島梁川は東大に在籍したことがないので、東大哲学科を論じるためには適当ではないかもしれない。それでもあえて論及したのは、東大哲学科のある種の特色を浮き彫りにしたかったためである。

見てきたように当初の東大哲学科は、フェノロサから学んだ生粋《きっすい》の東大人である井上哲次郎と、井上の嫌うキリスト教の色濃い同志社英学校経由の中島力造と元良勇次郎の二系統に分かれていた。だがその後に輩出した人材の経歴を見ると、大体が井上からすると東大「本流」ではない同志社系統の流れに与《くみ》していることが分かる。すでに述べたように、西田幾多郎は多くの点で中島力造から学んでいるし、また綱島の『病間録』は西田が参禅して思索を深めるきっかけとなっている。これに対し井上は、後述するように、和辻哲郎から研究能力の乏しい学者として揶揄《やゆ》をこめて描かれるだけの軽い存在だった。

他方、哲学科発足時のスタッフのなかで井上哲次郎のみが第二次世界大戦敗戦の前年まで生き長らえたことは、哲学研究におけるキリスト教軽視の傾向が、東大出身者のみならず、わが国の哲学研究者全体に蔓延《まんえん》する原因となった。西田幾多郎はその影響関係からすると明らかに同志社系統にあるにもかかわらず、後年になるほど東洋的傾向を深めてゆくが、それも大なり小なり井上の影響を受けたためだと考えられる。現在の日本の哲学者でもキリスト教の信仰者は中世哲学研究者を除けば極端に少なく、このことがわが国の哲学研究を歪めている一因ではないかと思われる。京都大学もその例外ではなく、筆者が見学に行ったときの宗教哲学研究室には仏教関係の文献が膨大であったのに対し、キリスト教関係のものはほとんど見当たらなかった。

後述する上山春平の証言によれば、ジョンズ・ホプキンズ大学に留学中の元良勇次郎の優秀さにパースは注目し、日本人は論理的な思考力を有すると判断したらしい。井上がもう少し宗教的に寛容であれば、日本哲学史はまったく違う歩みをしていただろう。

コラム1　九鬼周造

『「いき」の構造』（一九三〇年）の著者として名高い九鬼周造は京大教授のまま退官したので、京都学派のメンバーに入れてもよさそうに見えるが、西田幾多郎と師弟関係になかったこと、また多くの京都学派の哲学者が格闘した弁証法の問題にさほどの関心をもたなかったことを勘案すれば、厳密な意味での京都学派のカテゴリーには含められないと思われる。

九鬼は先祖が源平合戦で源氏側に加勢した九鬼水軍の末裔であり、江戸時代は摂津《せっつ》国三田藩の藩主を務めた家格の出身である。父親の九鬼隆一《くきりゅういち》（一八五〇〜一九三一）は有力な文部官僚であり、先に触れた日本美術再発見のきっかけとなった、奈良と京都の古寺の調査をフェノロサに命じたのも隆一である。

なお隆一夫人の波津子《はつこ》は周造の妊娠中に岡倉天心と恋愛関係にあり、その後、離縁された。このスキャンダルの発覚後、天心は、東京美術学校（現在の東京芸術大学）校長の辞任を余儀なくされ、波津子は精神を病んで長期入院することとなる。少年時代の周造はしばしば家を訪ねる天心を実の父だと思っていたとのエピソードが伝わっている。この母を喪った経験は精神形成に尾を引き、二度目の結婚相手は祇園《ぎおん》の芸妓であり、この経験が名著『「いき」の構造』を書く母胎となった。波津子が京都の花柳界の出であるとの説もある。

一高を経て一九〇九年に東大哲学科に入学、第二章で触れるケーベル（一八四八〜一九二三）からの薫陶《くんとう》を受けて、一九一二年に同大学院を卒業後、八年間の欧州留学を経験し、ベルクソン（一八五九〜一九四一）、ハイデガー、サルトル（一九〇五〜八〇）といった当代一流の哲学者たちと親交を結んだ。帰国後の一九二九年に京大教授に就任、一九三二年には「偶然性」を博士論文として提出し、田辺元を主査とする審査の下で学位を取得した。これが九鬼の主著『偶然性の問題』（一九三五年）の原型となる。

『偶然性の問題』は偶然の原型を原始偶然に求めるものである。偶然とは必然と対をなす語なので、この点に注目した高橋里美は、一点に議論を収束させないことが九鬼哲学の特徴だと評している。最終的に対立の解消を志向する弁証法的思考に九鬼が縁遠い理由がこれで知られる。

他方で『「いき」の構造』は日本文化論を論じる際にしばしば引用される名著である。この書で九鬼は江戸期の遊郭を起源とする「いき」の美意識を「媚態《びたい》」と「意気《いき》地《じ》」と「諦《あきら》め」という三種の態度から構成されると解する。文学にも造詣が深く『文芸論』（一九四一年）においては日本の定型詩の押韻《おういん》について独特の解釈を施している。こうした事情から、九鬼は哲学研究者というよりも、むしろ文学研究者から今も注目を集めている。

弟子として知られているのは、大阪大学でベルクソンと医学概論を講じた沢瀉久敬《おもだかひさゆき》（一九〇四〜一九九五）であり、ある意味でわが国におけるフランス哲学研究の草分け的存在と言ってもよい。

第2章　京都学派の成立
——西田幾多郎と田辺元

西田幾多郎

1　対照的な二人の哲学者──西田と波多野精一

京大文学部ができるまで

第一章では京都学派が成立するまでの前史として、東大哲学科が設立される経緯を述べてきた。これを受けて本章では京都学派の成立について論じることになるわけだが、東京大学の場合と同様、京都大学でも哲学科が創設と同時に設置されたわけではない。まずは京大が誕生するまでの経緯を見ておこう。

今でこそ京都大学は東京大学に次ぐ学府と見なされているが、プロローグでも触れたように東大の後に京大ができるまでには二〇年もの歳月が経っている。遷都を機に江戸が東京と改称されて以降、後に残された京都は荒廃していた。大学設立を通じて活性化を促そうとする動きがあるにはあったが、政府は財政難を理由にこれを認めなかった。ところが一八九五年に日清戦争で日本が勝利を収めて清国《しんこく》（現在の中国）から多額の賠償金を得てから、第三高等学校（略して三高、現在の京都大学総合人間学部）を大学に昇格することが決定された。

ただし東大とは違って京大は、最初から文学部を有していたわけではなかった。一八九七年に京大が創設されたのと同時に設立されたのが、現在で言うところの理学部と工学部、次いで法学部であり、これから問題にする文学部ができたのは一九〇六年である。初代の文学部部長に大西祝が内定していたものの、設立を前に病没したことはすでに第一章で述べた。もしも大西が存命で哲学の精神のもとに学部を運営していたら、「京都学派」はまったく別物になっただろう。

西田と波多野——京都学派の先駆け

ただし東大とは違って京大哲学科は、学部発足と同時に哲学研究者のスタッフをそろえていた。最初に京大教授として哲学科に赴任したのは、東大助教授だった桑木《くわき》厳翼《げんよく》（一八七四〜一九四六）だが、ほどなくして東大に教授として栄転したので桑木を京都学派に数えることには無理がある。それでも桑木はその短い在任期間のあいだに、カントの『純粋理性批判』の訳者として知られ、戦後は文部大臣になった天野《あまの》貞佑《ていゆう》（一八八四〜一九八〇）を育てた。また桑木は京大に着任する前後に、デューイから直接教えを受け、後に早大教授となる田中王堂《たなかおうどう》（一八六八〜一九三二）とプラグマティズムの是非を論争したことで知られている。その後プラグマティズムの本格的な研究は、戦後の鶴見俊輔《つるみしゅんすけ》（一九二二〜二〇一五）の登場まで待たなければならなかった。

桑木とほぼ時期を同じくして助教授として赴任したのが朝永《ともなが》三十郎《さんじゅうろう》（一八七一～一九五一）だが、朝永は寡作のため学生に十分な影響力を行使することはできなかった。朝永はむしろ、湯川秀樹《ゆかわひでき》に次ぐ日本人で二人目のノーベル物理学賞を受賞した振一郎《しんいちろう》（一九〇六～一九七九）の父として知られている。ちなみに朝永の後任として招かれたのが前述の天野だが、京大に着任してからはその関心を教育学に移し、京大の定年退官後は一高校長などを歴任したので、京都学派の学風の樹立に貢献することは少なかった。

朝永に話を戻す。プロローグで述べたように、京都学派の哲学者たちは敗戦後に公職追放の憂き目を見たため、西田幾多郎の影響外にあった哲学者たち、言うなれば非西田系の学者たちが哲学講座の運営を余儀なくされるが、彼らの一部は朝永の影響の下にあった。この事情については、戦後の京都学派を扱う第四章で述べることにする。この時点で実質的に京都学派をリードしたのは、第一章で若干触れた波多野精一である。波多野は田辺元に較べてあまり知られていないが、この波多野と西田の経歴を比較すると、西田哲学の性格が浮き彫りになってくる。

ケーベル先生

ここで時計の針を、京大がまだ設立されなかった一八九〇年代の東大哲学科の時代にまで戻す。第一章で述べたように最初に東大で哲学を講じたのがフェノロサだが、その後も東大では幾人かの外国人教師が教鞭をとっていた。そのなかでもっとも重要なのが、ドイツ人とロシア人の血を引くケーベルである。

ケーベルの経歴はかなり異色である。そもそもピアニスト志望で、モスクワ音楽院で大作曲家チャイコフスキー（一八四〇～一八九三）に師事した。けれどもその内気な性格が演奏会向きではないことに気づいて哲学に転じ、友人のハルトマンの手引きにより一八九三年に来日し、一九一四年まで西洋古典学などを東大で教えた。語学の堪能な学生たちは「ケーベル先生」と呼んで彼を慕っていた。そのなかには阿部次郎《あべじろう》（一八八三～一九五九）、安倍能成《あべよししげ》（一八八三～一九六六）、和辻哲郎といったいわゆる大正教養主義を担った学徒や、コラム1で触れた九鬼周造などがいた。なお大正教養主義については、本書のエピローグで批判的に触れることとする。

東大選科時代の西田

他方で語学の不得手な学生たちは、ケーベルとの意思疎通を避けて彼を敬遠していた。そのなかに東大選科時代の西田も含まれていた。この辺で、世に出るまでの西田の経歴を振り返っておこう。西田幾多郎は石川県にて素封家の長男として生まれた。石川県専門学校に在学当時は恩師の北条時敬《ほうじょうときゆき》（一八五八～一九二九）の影響で数学に興味をもったが、後に哲学に転じた。学校名が第四高等中学校（後の四高、現在の金沢大学の前身）に代わり薩摩閥の教員が送り込まれてからは校風に反発して退学し、一念発起して一八九四年に東大選科に入学する。したがって西田は、来日一年目のケーベルに接したことになる。

ここまでの西田の行動は、第一章で触れたように熊本バンドの学生たちが自分たちが通っていた熊本洋学校が突然閉鎖されたことに怒り、大挙して同志社英学校に入学していった動きとよく似ている。西田が自由民権運動に共鳴していた跡は認められないが、後日、自らが皇居に参内するのではなく政府の役人を自宅に招くことを条件に第一回の文化勲章の授与を承諾したことなどから、田辺以後のドイツ的権威主義にまだ染まっていない自由な明治前期の気風のなかで西田が育っていたことは推測できる。

西田が入学した東大選科というのは聞き慣れない語だと思うので、多少説明を施しておこう。旧制大学には本科と選科の二つのコースがあり、修業年数はいずれも三年だが、図書の閲覧や貸出などについていろいろと差別待遇があり、また選科を卒業しても学位は取得できなかった。旧制高校の卒業生には本科入学の資格があるのに対し、選科は旧制中学卒業の学力でも入学が許されていた。四高退学当時の西田の最終学歴は中学卒業になるので、選科に入学せざるを得なかったと推察される。ケーベルとの意思疎通の不自由さも相《あい》俟《ま》って、東大在学中の西田の心境が鬱屈したものだったことが容易に想像できる。

「西田哲学」の成立

東大卒業後の西田の足跡をたどることにしよう。西田は尋常中学校の教諭を務めた後、地元の四高に教員として就職し、その後、旧制山口高等学校、旧制学習院などを経て、一九一〇年に京大に栄転する。西田の名を世に知らしめた『善の研究』は、その翌年の一九一一年に出版された。ただしその出版元は、現在ではほとんど知られていない弘道《こうどう》館《かん》である。

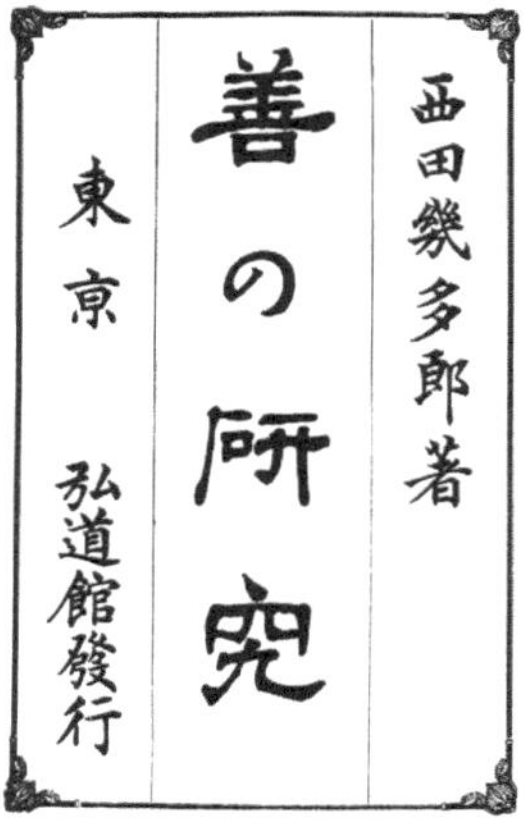

弘道館版『善の研究』

『善の研究』は当時、無名の哲学徒の書いたものとされ、ほどなくして絶版の憂き目を見た。だが、大正期に一世を風靡《ふうび》した評論家の倉田百三《くらたひやくぞう》（一八九一〜一九四三）が岩波書店から出版した著書『愛と認識の出発』（一九二一年）のなかで「個人あって経験あるにあらず、経験あって個人あるのである」という『善の研究』の一節を引用してから、再版を求める声が岩波書店に殺到し、一九二三年に岩波書店に版元を移して再版が刊行された。

その後の西田は京大のみならず日本の哲学界を代表する哲学者と見なされるようになり、経済学者の左右田《そうだ》喜《き》一郎《いちろう》（一八八一～一九二七）が「西田哲学の方法について」（一九二六年）のなかで西田の哲学を「西田哲学」と命名したことで、わが国ではじめて哲学に個人名が冠される栄誉に浴することになった。

『善の研究』の再版以降、西田は旧制高校生たちの羨望の的になったが、経歴から見て西田の言動には、彼らとは同質ではないものが認められる。これらの学生の知的教養を支える阿部次郎をはじめとする教養主義者たちが、学生時代にケーベル先生を敬愛した時期に、西田が独り思索にふけっていたこと、また後述する波多野以降は海外渡航の前後に学位を取得するコースが開かれるのに対し、西田がついに海外経験をしなかったことに鑑みれば、西田は明治期における西洋哲学受容の時代と大正期以降の日本哲学の自立的展開の狭間に生きていたと言うことができるだろう。

エリート中のエリート・波多野

これに比して波多野精一は、東大哲学科出身のエリート中のエリートである。波多野は長野県出身で、一高を経て東大に入学、ケーベルの指導の下でスピノザについてのドイツ語による大学院の卒業論文を提出した。大学院在学中は二年間ドイツに留学し、博士の学位取得後、しばらくは早大で教え、一九一七年に京大の宗教学講座に教授として迎えられた。西田が京大に着任してから七年後のことである。波多野が東大の哲学講座で教鞭を執れなかった理由は、高橋里美によれば、またしても井上哲次郎による妨げがあったからだという。

西田より七つ年下の波多野は、このように西田の後塵《こうじん》を拝しながらキャリアアップしているかに見えるが、ケーベルに唯一の弟子だと認められるほどの抜群の語学力、早大の嘱託講師の時分に学生時代の田辺元や高橋里美を個人的に指導したこと、そして『善の研究』より一〇年も早く『西洋哲学史要』（一九〇一年）を刊行したことなどを勘案すると、業界的には波多野の方が西田より先に知られていたと考える方が自然である。なお早大では、後に名著『本居宣長』を引っ提げて東北大学の日本思想史講座を開設した村岡典嗣《むらおかつねつぐ》（一八八四〜一九四六）も教えていた。

京大赴任後は岩波書店よりカント『実践理性批判』の翻訳を出版し、『宗教哲学』（一九三五年）、『宗教哲学序論』（一九四〇年）、『時と永遠』（一九四三年）からなる宗教三部作を刊行する。敗戦後の京大哲学科を支えた著名な古典文献学者である田中美知太郎《たなかみちたろう》（一九〇二〜八五）は、後年、京大に進学した理由は西田ではなく波多野がいたからだと述懐している。田中は先ほどの分類からすると非西田系に入るので、朝永三十郎と波多野精一が非西田系の元祖と捉えてよい。田中についても、第四章で若干触れることとする。

2　西田哲学の変遷

純粋経験とは何か

そうは言っても、たいていの人たちにとって「京大哲学科＝西田幾多郎」であるという通念は揺らぎようがない。けれども「京都学派」が成立するためには、もう一人の立役者である田辺元が登場しなければならない。田辺が京大に招聘される際には波多野が一枚かんでいたのだが、ここではしばらく西田哲学の変遷をまとめて説明しておこう。

すでに述べたように西田の思索は処女作『善の研究』からスタートした。この書でもっとも重要なキーワードとされるのが「純粋経験」である。西田によれば純粋経験とは、いかなる思想も交えない経験である。あるいは西田自身の言い方にしたがえば「色を見、音を聞く刹那《せつな》、未《いま》だこれが外物の作用であるとか、我がこれを感じているとかいうような考のないのみならず、この色、この音は何であるという判断すら加わらない前」の経験である。言い換えれば色を見たり音を聞いたりする際の、知覚する私と知覚される対象とが合一している状況である。

こうした状況を西田は、プラグマティズムのウィリアム・ジェームズ（一八四二～一九一〇）の語を借りて「純粋経験」と名づけるわけだが、むしろ現象学の創始者であるフッサール（一八五九～一九三八）の言う、一切の判断内容を排除する現象学的エポケーに近いと言ってよいだろう。後期思想に限定した言い方になるが、フッサールはこれまでの学問的な態度が生活世界から遊離した道具立てにより束縛されていると批判して、一時的にあえてそういう道具立てを括弧に括り判断中止をおこなうという、いわゆる現象学的エポケーを通じて、われわれの日常の場である生活世界へと回帰するよう呼びかけた。純粋経験とは、このように、われわれがこの世界で生まれ、生活している状況を直観的に理解していることを指している。言うなれば、死せる経験ではなく、生き生きとした経験を捉える作用だと考えてよいだろう。

こうして見ると、西洋哲学の伝統に比して、近代の認識論が前提としている主観‐客観の図式を易々と乗り越えていることが、西田の言う純粋経験の最大の特徴だと言えそうだ。周知のようにこの図式は、デカルトが「我思う、ゆえに我あり」を提唱し、主観の側から体系を構築する姿勢を見せてから登場したものである。だが主観の内部で体系構築が可能なほどの確実性が担保されるというのはいいとしても、その分、主観の外側の客観の立場があいまいになってしまったというのが、主観‐客観図式の欠点である。だからと言って、逆に客観の側から主観を規定するようにすれば、主観の自発性は雲散霧消してしまい、人間は世界の因果関係のなかに解消されてしまう。

このように、〈主観と客観はどう関係するのか〉という難問が近代の多くの哲学者たちの悩みの種になってきた。だが、最初に純粋経験を設定して、それを主観と客観が渾然一体となった境地としておけば、そういう難問に逢着《ほうちゃく》しないで済むというのが、西田の言い分である。

高橋里美の登場

さて称賛の声のあるところには、必ず批判の声があるものである。西田哲学もその例外ではない。先に触れた左右田喜一郎の「西田哲学の方法について」は西田哲学の批判を目論んだものだが、左右田よりもずっと早く、それも『善の研究』の初版の時点でこれを鋭く批判する論文を発表した学徒がすでに存在した。その学徒こそが、後に東北大学教授となる高橋里美である。

高橋の経歴、およびその思想については第四章で詳しく述べることにして、ここではその論文「意識現象の事実と其意味《そのいみ》」の内容を見ておこう。この論文が発表されたのが一九一二年だったという事実は重く受け取るべきである。なぜなら先述のように『善の研究』の初版が出版されたのは高橋の論文が発表されるわずか一年前のことであり、また論文発表当時の高橋はまだ東大大学院に在籍中の学生だったからである。

岩波書店から再版が出ることで西田の名が世間に知られるようになったのは、これより一〇年ほど先のことだから、論文発表の時点では、まだ無名の学徒同士の論争だったと位置づけられる。とはいえ『善の研究』発表直後の西田がすでに定職を得ているの対し、高橋はまだ将来の見通しが立たない大学院生だったのだから、忖度《そんたく》が蔓延して実質的に言論活動が封殺された感のある現在では想像もつかない自由が明治末年には存在していたと言ってもよいだろう。

事実と意味の区別——高橋による西田批判

高橋による西田批判を要約すれば、西田の言う「純粋経験」は事実レヴェルにとどまり、哲学が本来問題にすべき意味内容にまで達していないということだ。例えば知覚、思《し》惟《い》は、通常の哲学であればそれぞれ別個に論じられるべき意味内容である。具体的に言えば、知覚の対象となる意味内容が外的事物からの印象であるのに対し、思惟はそうした外的事物とは独立した自発的なものを意味内容とする。だから意味内容の点で両者は厳然と区別すべきである。だが純粋経験に基づくと、これらの意味内容のあいだの同質性のみが強調されて、それぞれの差異が見過ごされてしまう。

また西田によれば、純粋経験は一般者の統一的発展と定義されるが、本来なら哲学的に論じられるべき意味内容が別個に論じられていないのだから、純粋経験が発展するはずもないと批判される。『善の研究』が抱えるこうした難点は、高橋によれば西田において意識現象のうちで事実と意味が区別できなかったことによる。要するに、初期の西田哲学では知覚や意識といった認識論のレヴェルと、「一般者」といった存在論のレヴェルが区別されていない、そう批判されているのである。前の批判が受動的知覚と能動的思惟の区別ができていないという認識論内の問題に向けられたものであったのに対し、今度の批判は認識論と実践レヴェルでの自発的意志の土台が混在しているという批判と捉えてよいだろう。

この事実と意味の区別という論点は、後に高橋がドイツ留学時代の前半で師事することになるリッカート（一八六三〜一九三六）が提示したものである。海外留学をしないまま独自の思索を続けた西田哲学に対して、最新の西洋哲学の見地からはじめて批判を加えたものとして特筆すべきだろう。

新カント派について

ここでリッカートの属する新カント派について、若干説明しておこう。新カント派とは、一九世紀の中盤から急速に台頭しつつあったマルクス主義と自然科学を受けて、最新の科学的成果を取り入れつつも、精神の自由も主張する哲学的立場である。マールブルク学派とバーデン学派（西南ドイツ学派とも呼ばれる）に二分されるが、このうちのバーデン学派にリッカートは所属する。

バーデン学派は文化科学と自然科学の二本立てを主張する立場であり、そのなかでリッカートは認識論と価値論を包括する価値哲学を提唱した。この学派には哲学史家として知られるヴィンデルバント（一八四八〜一九一五）と、独自の論理学を構想したラスク（一八七五〜一九一五）も含まれる。彼らの主張する科学における二本立てという構想は、解釈学の創始者であるディルタイ（一八三三〜一九一一）言うところの、自然科学と精神科学の二分法にも近しい。これに対しマールブルク学派は、どちらかと言えば自然科学の哲学的基礎づけに関心を寄せている。こちらには高橋里美の理解に必須なコーエン（一八四二〜一九一八）、ナトルプ（一八五四〜一九二四）、そして高山岩男に影響を与えたカッシーラーが属している。

なお二〇世紀を代表する哲学者のハイデガーは、一九二九年にスイスのダヴォスにてカッシーラーと激しい議論をおこなっているし、フライブルク大学在籍中の師匠はリッカートであった。そのリッカートがハイデルベルク大学に移ったあとの後任がフッサールであることから知られるように、今では忘れられた感のある新カント派が、現象学が流行する以前にドイツを席捲していたことを確認しておかなければならない。なおハイデガーは、後述するように田辺元と浅からぬ縁があることにも注意しておきたい。

西田・高橋論争のその後

高橋には第三章の田辺の「種の論理」批判の局面で再び登場してもらうことにして、この西田・高橋論争に後日談を付け加えておこう。論文発表から二十数年後、東北大学教授となった高橋里美は、一九三五年に講演会の講師として西田を仙台に招いた。これは高橋当人の述懐だが、講演会終了後の懇親会の席で、同僚の美学者の阿部次郎のすすめで長年、疑問に思っていた問題を西田当人にぶつけたところ、一瞬座が凍りついたとのことである。

高橋は留学を受け容れたフッサールに対してもあけすけな発言をしているが、これについては第四章で扱う。また阿部次郎については、エピローグでの唐木順三《からきじゅんぞう》（一九〇四〜八〇）の教養主義批判の文脈で取り上げることにしよう。

純粋経験から自覚へ――西田哲学の転回・その一

西田の思索に話を戻そう。『善の研究』に続く『自覚に於ける直観と反省』（一九一七年）において西田は、高橋からの批判を受けて「純粋経験」の代わりに「自覚」の立場を提唱した。すでに述べたように、事実と意味内容が明確に分離されていないというのが高橋の西田批判のポイントだったわけだが、これに対して西田は、知覚→思惟→意志へと進むことによって、次第に事実的なものから意味を賦与《ふよ》する主体的なものに近づいてゆくと主張する。こうした主体的なものへの高まりが「自覚」と呼ばれ、また「一般者の自己限定」とも言われる。この「自覚」は、第三章で扱う西谷啓治の「主体的無」に強い影響を与えている。

こうして高橋里美からの批判を受けながらも西田哲学は順調な発展をたどってきたが、その後、思わぬ伏兵が登場して西田を悩ませることになる。その人物こそが、もともとは自らの後継者に指名していた田辺元であった。ここからしばし、田辺の足跡に付き合うことにしよう。

3　京都学派の成立——田辺元による西田批判とその影響

京大に赴任するまでの田辺

すでに述べたように、西田は外国語が不得手だったため外国人教師ケーベルとの意思疎通に苦労し、また一生に一度の海外渡航経験もなく、日本にとどまり自分の頭脳のみを頼りにして『善の研究』を完成させた。その『善の研究』に対し、新カント派のリッカートという当時の最先端の哲学者の論点を用いて批判を加えたのが高橋里美だった。この時点で西田哲学は日本国内の理屈で完結するローカルな存在ではなく、世界的な位置に向けて歩み出したと言ってもよいだろう。その西田哲学を一気に世界レヴェルのスターダムへと押し上げたのが、田辺元である。

田辺元は東京都で唐津《からつ》藩の江戸詰の武士の末裔として出生した。東大入学時は理系だったが途中で文系に転じ、一九一三年に東北大学理学部に就職した。田辺が理学部で担当した科目は科学概論であり、プロローグでも触れたようにこの科目は高橋里美と三宅剛一によって引き継がれた。ここからかつて、京大が東大を飛び越して東北大と深く結びついていたことが知られる。一九一八年に「数理哲学研究」を京大に博士論文として提出し、翌年、京大に赴任する。田辺に京大に博士論文を提出するよう強く勧めていたのは他ならぬ西田幾多郎であった。石川県専門学校の恩師である北条時敬から期待されながらも果たせなかった数理研究を極める夢を西田が田辺に託したことが容易に推測される。

田辺と波多野の関係

ここまでを見ると、田辺は自らのキャリアアップに関して西田に多くを負っているようにも思えるが、学生時代に親交のあった波多野精一と交わした書簡を読むと、実情は必ずしもそうではないことが判明する。

田辺元

それによると、京大の教授会で田辺を助教授として採用する決議が可決した直後に、東北大では田辺を引き留めようとする動きが活発になった。具体的に言えば、東北大に新設される法文学部に田辺を教授として迎えようとする動きである。京大助教授になるか、それとも教授に昇進して東北大にとどまるかと迷う田辺に対して、波多野は強く京大行きを勧めた。

田辺が波多野に送った書簡は残念ながら残ってい

ないか非公開なので、詳しい事情はわからない。だが、波多野が田辺に送った書簡を見ると、西田が田辺に強く京大行きを勧めないのは田辺の自由意志を尊重するからであって、田辺に対する無理解や無関心ゆえのことではない。それどころか西田が何かと田辺に遠慮するのは田辺の才能を買っているからだ、そう波多野は諭している。この書簡を読むと、波多野は表向きは西田の言い分を西田本人に代わって弁明しているように読めるが、その裏側からは本当に田辺を買っているのは西田ではなく自分だという自負が透けて見える。また読みようによっては、これから述べる西田と田辺の緊張関係は、田辺が京大に赴任する以前からすでに密かに芽生えつつあった、そう考えることもできるだろう。なお波多野は若き高橋里美の人生相談にも乗っているが、これについては第四章で触れることにしよう。

田辺とハイデガー

最終的には田辺は西田の意を受け、京大に赴任した。ただし西田が田辺に期待していたのは博士論文のタイトルから知られるように、あくまでも数理哲学であって、いわゆる文系の純正哲学ではなかった。そうした西田の意思を田辺もしばらくは尊重し、一九二二年より二年間ドイツのフライブルク大学を中心に海外留学をした際も、数理哲学に関する研究に勤《いそ》しんだ。

特筆すべきはフライブルク大学でフッサールに師事したときに、ハイデガーと交流をもったことである。先述したようにハイデガーはフライブルク大学でリッカートのもとで学位を取得した後、リッカートの後任のフッサールのもとで助手を務めていた。帰国後の田辺は「現象学における新しき転向――ハイデッガーの生の現象学」(一九二四年)を発表する。高橋里美の「フッセルの現象学――特にその現象学的還元」の初出が一九二九年だから、田辺が高橋よりやや先んじて現象学をわが国に紹介したこととなる。

他方で注意しなければならないのは、現象学を紹介する際に高橋の関心がフッサールのみに向けられているのに対し、田辺が『存在と時間』を発表する以前の無名のハイデガーにすでに注目していたことである。その後も田辺は一生のあいだハイデガーの思索の推移を批判的に注視していた。こうした態度にいわゆる「ハイデガー信者」たちはご本尊への侮辱を感じ取るかもしれないが、田辺はハイデガーより四つ年長なので、先輩の学徒として後輩に忌憚のない意見を述べていたと考えるべきであろう。

このように、田辺はフッサールの下で学んでいたことで現象学に義理立てするわけでもなく、自らの関心の赴くままに研究を続けていた。それどころか帰国後はカント、フィヒテの研究を経て、最終的にはフッサールとは相容れないヘーゲル研究にすら着手する。いわば西田の領分であるはずの純正哲学の分野に、田辺自身が足を踏み入れたことになる。

当初、田辺はヘーゲルの弁証法を生理的に嫌悪していたが、一九二六年、京都学連事件により京大キャンパス内で有意の学生たちが検挙されてからは、学生を善導するという教育的目的のために弁証法の研究に勤しんだ。この事情については後で詳しく述べることとし、しばしは田辺が批判するまでの西田の思索の足取りに話を戻したい。

自覚から場所へ——西田哲学の転回・その二

西田は一九二八年に京大を定年退官したが、その思索は衰えるどころかますます盛んとなり、「自覚」の立場からさらに進んで「場所」の立場へと到達した。西田の「場所」の概念は、難解な西田哲学のなかでも特に理解が困難なものだが、「自覚」からの足取りを念頭に入れて論じれば、次のように言い換えることができるだろう。

すでに見てきたように、知覚から思惟、思惟から意志に向かうにつれて客体的なものから主体的なものへと移行し、それを主体的な側から見れば、知覚は高橋里美の言うように、事実に、そして意志に向かうにつれて意味内容に近づいてゆく。こうした主体的なものへの高まりが「自覚」であり、またこうした知覚から思惟、思惟から意志へと緩やかな移行によって、認識論と存在論の結合が論じられた。これに対し「場所」の概念にあってはこの移行そのものを主題化し、AからBへの移行を「包むもの」と「包まれるもの」との関係で把握しようとする。

ここで西田の議論は命題論的な方向に舵を切る。つまり命題「AはBである」を、Aという個体をBという述語が包むと捉え、そこに「包むもの」と「包まれるもの」との関係を導入して、「AはBにおいてある」と言い換える。この言い換えで注目すべきは、「自覚」においては主体的な傾向を見せていた西田の議論が、「包むもの」を述語と同一視することで、一転して客体的な方向を見せはじめたことである。そして(日本語としては収まりのよくない表現だが)「~においてある」という構造を西田は「場所」と名づけ、他方、「自覚」の議論の延長で、「一般者の自己限定」を「場所の自己限定」とも言う。

こうした謎めいた言い方がわれわれを混乱させるのは、場所の議論においてイニシアティヴをとるのが主体的なものなのか、それとも客体的なものなのかが判然としないからである。こうした状況を受けて「場所の自己限定」を批判するのが田辺元であり、その西田批判から見ておくことにしよう。

田辺の西田批判

田辺は一九三〇年に「西田先生の教を仰ぐ」という論文を発表する。題名だけを見れば

「西田先生」に弟子の田辺が教えを乞うという体裁になっているが、一読すれば西田哲学の根本的な批判であることが分かる。二人の師匠は一蓮托生だと思い続けていた弟子たちのあいだに、大きな波紋が広がった。

この論文で田辺が直接的に問題にしたのは、西田の『一般者の自覚的体系』(一九三〇年)に見られる、先述の「場所の自己限定」という考え方である。繰り返しになるが西田は命題「AはBである」を「包むもの」と「包まれるもの」との関係で把握するために、「AはBにおいてある」と言い換え、この「純粋経験」という「〜においてある」という構造を「場所」と名づけた。その際に西田は、AとBという別々のものを外側からつなげるというイメージを避けるために、「場所が場所自身を限定する」という言い方を選んだ。これが「場所の自己限定」という表現である。これに対して田辺は、この表現だと先に「場所」があってその「場所」に哲学的内容が包まれるという誤解が生じかねないと し、むしろ先に限定があるからこそ、そこから「場所」が生じるのではないかという異論を唱えた。

こうした田辺の異論の背景には、哲学的内容を包むのは「場所」であると捉えれば、先に高橋里美の指摘した、事実と意味が区別されていないという論点を蒸し返すという思いがあったと推測される。けれども高橋の批判の後ろ盾が当時、最先端の思想だった新カント派のリッカートであったのに対し、田辺の場合はそれよりもずっとさかのぼり、古代の新プラトン主義の哲学者プロティノスの「発出論」と絡めたものであることに注意したい。

発出論の問題

それではここで一般には聞き慣れない「発出論」について多少説明を加えておこう。「発出論」は現在では「流出説」と呼ぶことの方が多いが、紀元三世紀の新プラトン主義哲学の代表者であるプロティノスが考案した考え方である。新プラトン主義とは、最高の実在をイデアとし、現実世界をイデアの影と見たプラトンの教説を独自に発展させた学派である。プラトンが分離したイデアと現実世界をふたたびどのようにつなぎ合わせるかが、彼以降の哲学者の悩みの種であった。例えばアリストテレスはデュナミス（可能態）とエネルゲイア（現実態）との関係によって現実世界を把握し、天上的なイメージのあるイデアを地上に引きずり下ろした。

これに対してプロティノスは、天上的なイデアのイメージを大事にして、現実世界を天上から流出したイデアが地上に向けて流れ出ていくものと規定した。この考え方が「流出説」である。「流出説」の立場に立てば天上から遠く離れた立場ほど、イデアから遠く離れているとされる。プラトンによれば、善のイデアはイデアのなかのイデアなので、善の反対である悪こそが、もっともイデアからかけ離れたものと規定される。

けれども少し考えれば容易に知られるように、流出説による悪の説明は、まったく悪の説明にはなっていない。例えば善のイデアを、まったく不純物を含まない真水だと考えてみよう。非常に高い場所にある真水が、何らかの事情により下方へと流出したとする。下方に下るにつれて真水にはいろいろな不純物が混じり、ついに下界へと到達した真水はもはや、人間が口にできないほど濁り切ってしまったとしよう。けれどもその濁った水も元の真水も、元をたどれば同じH_2Oの化学式で表現されるのであり、真水の質的変化はまったく説明できていない。

このことを先ほどの田辺による「場所」批判に当てはめて考えてみよう。前述のように、西田はAとBという相異なるものを外側から結びつけるという誤解を防ぐため、「場所が場所自身を限定する」という言い方を採用した。けれどもこのように「場所」の内部から基礎づける議論を展開しても、「包まれるもの」が「包むもの」にとって異質なことには変わりがない。したがって、異質さを説明できない点で、「場所」は「流出説」、つまり田辺の言うところの発出論と構造的に変わりがない、そう批判されるわけである。

京都学連事件について

他方で田辺による発出論批判は、必ずしも西田哲学のみをターゲットとしたものではない。先に若干触れたように、それは田辺によるヘーゲル研究の延長上で産み出された副産物であった。この辺りが古代哲学との関連を考慮せずにただただ「現代思想」をなぞるだけの昨今の研究者とは違う巨視的な視点に立つ田辺哲学の特徴なのだが、ここで彼がヘーゲルを批判するに至ったコンテクストを少し詳しく見ておこう。

そもそも形式論理学を重視する数理哲学の研究から出発した田辺にとって、形式論理学の基本中の基本である（XはAか非Aかのいずれかであり、Aでも非Aのいずれでもないということはあり得ないという）排中律《はいちゅうりつ》を認めようとしないヘーゲルは、学問的に許容できない哲学者だったが、大学の運営上、どうしてもそのヘーゲルと対決しなければならない事情が生じてきた。そのきっかけとなったのが、先述した京大キャンパス内で多数の学生が検挙された、一九二五年から翌二六年にかけての京都学連事件である。各地の大学などで結成された社会科学研究会（社研）が連合して一九二四年に学生社会科学連合会（略して学連）が発足し、その学連を中心として展開した社研の学生のうち、京都で活動していた学生が検挙の対象となった。

京都学連事件を考察するうえで重要なのは、この事件が一九二五年に制定された治安維持法が適用された最初の事例だということである。テロ等準備罪を新設する「改正組織犯罪処罰法」と比較されることで最近広く知られるようになった治安維持法とは、満二五歳以上の日本人男性すべてに選挙権を認める普通選挙法の成立と同時に、普通選挙実施後に急速な台頭が予想される社会主義勢力をあらかじめ取り締まることを狙った法律であった。一九二八年に最高刑を死刑と定めた改定を受けてからは、社会主義勢力はもちろんのこと、敗戦後に廃止されるまで社会民主主義者のみならず、自由主義者すらも弾圧する法的な後ろ盾となった。そういう弾圧の発端となったのが、この京都学連事件である。

検挙された学生のなかには当時東大の学生だった作家の林房雄《はやしふさお》（一九〇三〜七五）や、当時は京大学生で後に文化人類学者として世に知られるようになった石田英一郎《いしだえいいちろう》（一九〇三〜六八）などがいたこともあり、前途有望な学生が検挙されたことに、大学内で衝撃が走った。

思想の研究を専門とする田辺の眼には、京都学連事件はマルクスの思想にかぶれた学生の熱病が引き起こしたものと映った。それゆえ今後自分がすべきは、個人的な好悪の感情とは別に、マルクスの思想の理論的背景にあるヘーゲル弁証法を徹底的に批判し尽くすことだと考えた。このように学生を善導する目的で、田辺は本格的に弁証法を研究するようになった。その皮切りとなったのが、事件の翌年にあたる一九二七年に発表された「弁証法の論理」である。そしてこのなかに発出論批判が含まれている。つまり田辺にとって当初発出論批判をするうえで念頭に置かれていたのは、西田哲学でもプロティノスでもなく、ヘーゲルの弁証法だったのである。

弁証法批判の骨子

こうした弁証法理解はかなり特異なもので、そのため「弁証法の論理」は、田辺の周辺にいてマルクス主義に同情的だった三木清や戸坂潤に厳しく批判されることになる。この辺りの三木自身の事情については第三章で触れることとし、まずは田辺の言い分に耳を傾けることにしよう。田辺はまず弁証法の特徴として総合性と否定性と実在性と発出性を挙げ、このうちの第三の実在性と第四の発出性は、相容れないことを指摘する。

西田批判との兼ね合いで重要なのは発出性なので、発出性と実在性の関係について少し考察しておこう。新プラトン主義の「流出説」を説明する際に述べたように、発出性とはイデアと呼ばれる観念が、地上的な存在と連続的な関係にあることを説く考え方である。つまりイデアという天上の真水が何かのきっかけで流出し、それが下界に達すれば不純物の混ざった水になってしまうと言うのが、発出性の議論である。

他方でこの説明の際に強調したように、たとえ不純物が混入していても、下界に達した水は、それが水である点では天上の真水とまったく同じだから、いくら流出の手続きをたどっても、元の観念的な想定からまったく脱していないと考えることもできる。

こうした発出性に対する実在性という論点は、観念的なものを扱う思惟の論理とは別次元の、まさしく現実そのものを論じるものである。水のたとえの延長で言い換えれば、天上から流出した真水が地上の泥と接触することの意味を問い質す議論である。発出性に踏みとどまるかぎり、天上の真水と下界の泥水の違いは論じられないのだから、実在性と流出性の観点は相容れず、それゆえ実在性をうまく扱えない弁証法を用いても、現実について物申すことは原理的に不可能ではないかというのが、田辺によるヘーゲル弁証法批判の骨子である。

ヘーゲルとシェリング――弁証法批判の背景

こうした田辺によるヘーゲル批判の仕方に違和感を覚える読者はそうとう多いと思えるので、その違和感をあらかじめ説明しておこう。通常、弁証法と言えば、形式論理学と違って、一見矛盾すると思える現実の事象が、より高い見地に立つと合一すると考える論法なので、現実の複雑な様相をむしろ巧みに捉えられると見られている。こうしたヘーゲルの立場からすれば、例えば彼のライバルであるシェリング（一七七五〜一八五四）の同一哲学は、現実のさまざまな差異を捉え切れない不十分な論理だと批判される。ヘーゲルの主著『精神現象学』(一八〇七年)の緒論にある「すべての牛が黒くなる闇夜」という表現は、同一哲学のこうした原理的欠陥を揶揄するものと見なされてきた。

けれども田辺は、ヘーゲルが批判したシェリングの思想を一部生かすかたちで、彼自身が弁証法の欠陥だと指摘した発出論を克服しようとする。そこで田辺は通常とは異なって、根源悪を介してカントからシェリングへの道筋をたどることとなる。

悪への自由──カントとシェリングの評価

ここで先に述べた、発出性と相容れないのが実在性だということを考慮しつつ、カントの道徳法則と根源悪の関係を探っておこう。周知のようにカントは自然法則とは別次元に道徳法則を構想し、道徳法則のメルクマールを定言命法とした。道徳法則が定言命法のかたちをとるのは、自然法則のように、条件次第によってそこから選ばれる行為が変化してしまえば、道徳法則と自然法則の見分けがつかなくなってしまうからである。

例えば講義の終了後の誰一人いない教室で、財布が放置されているのを見つけたとする。誰か教室にいるかいないかでその財布を盗むかどうかが左右される者は、その財布が原因となって盗む欲望を産み出す自然法則のとりこになっている。これに対して教室に人がいようがいまいが財布を盗む気がまったくない者は、無条件的な道徳法則にしたがっているというわけである。ここまでのカントの議論は、発出性の元となる理性の範囲内にとどまっていると考えてよいだろう。

他方でカントは、人間にはそういう道徳法則にしたがえないことが多いどころか、道徳法則に違反する傾向があることを指摘して、それを根源悪と名づけた。この観点こそが発出性と対立する実在性に関わる論点となる。先に述べたように、発出論にしたがえば、天上から流出した真水が下界に流出しても水は水のままとなり、真水が汚泥に触れることの意味を問う実在性の観点は考慮されていなかった。ここで真水と汚泥をそれぞれ道徳法則と根源悪と言い換えれば、道徳法則に違反する根源悪が存在するという問題は、真水が汚れた泥に接触するという実在性の問題と構造的にパラレルだと捉えられるだろう。

この根源悪の考え方をさらに発展させたのが、シェリングである。カントによれば、人間の自由は道徳法則にしたがうとされていたが、シェリングは、人間が自由を実感するのはむしろ道徳法則に逆らう能力があるからであり、悪への自由を選べることによって、はじめて善への自由を感じ取ることもできると考える。田辺はこの点を重視し、悪への自由を思惟の運動の契機に組み込むことで、発出性の難点である実在性の欠如を補えると見たのだ。具体的に言えば、「道徳の主体と弁証法的自由」（一九三〇年）において田辺は、カントとシェリングの議論を弁証法に取り入れることで、ヘーゲルの弁証法を「絶対的弁証法」へと改変するのである。

絶対的弁証法へ

先に取り上げた「弁証法の論理」と「道徳の主体と弁証法的自由」などの論文を収めた『ヘーゲル哲学と弁証法』（一九三二年）を刊行した翌年に、田辺は『哲学通論』を発表し、自らの立場が絶対的弁証法だと宣言する。「絶対的」とする理由は、これまで弁証法を代表するとされてきたヘーゲルとマルクスの弁証法の欠陥を、自らが克服したと自負するからであった。

なお「絶対的弁証法」という語は西田幾多郎も用いているので、その使用権（？）をめぐって田辺と争う可能性があったのだが、幸いほどなくしてそれぞれが行為的直観と種の論理に移行したので、両者が正面だって対立することはなかった。そこで西田よりも弁証法に執着のあった田辺の立場を尊重し、ここでは田辺の絶対的弁証法に限定して話を進める。

一般にマルクスの思想は、思考の内部の世界から出られないヘーゲルの観念弁証法に較べて、思考の外部の現実を扱う唯物弁証法だと評される。だが、田辺からすれば唯物弁証法は今度は物質の外側の思考の世界に接触することがないので、思考の内部の世界にとどまる観念弁証法と構造的にまったく変わらない。なるほど観念弁証法と唯物弁証法とで起点となるものは思考と物質という相異なるものだが、それぞれ思考の世界と物質の世界から出られないという点では、同じ発出論だと断罪される。マルクスの思想がヘーゲルの逆立ちしたスタイルだとしばしば言われていることも、この田辺の批判を裏打ちしている。

それでは物質と思惟の双方にまたがる契機はどういうものかということになるが、ここで田辺は根源悪をシェリングの言う「自然」と結びつける論点を介した議論を展開する。カントによれば、道徳法則に違反する根源悪は、自然法則にしたがうものとして消極的に取り扱われただけだった。だが、シェリングの言う「自然」が、当初は神に逆らいながらも最終的には神に結びつく積極的なものであることをことのほか田辺は重視し、こうした道徳法則に逆らう可能性のある自然を「個人的人格」に含み入れ、この「個人的人格」を基盤にした弁証法を絶対的弁証法と見定める。こうして田辺は実在性に接触する「個人的人格」の契機を重視することによって、いずれにせよ発出論に転落するしかない観念弁証法とも唯物弁証法とも異なる視点を自らの絶対的弁証法は獲得したと自負するのだ。

絶対的弁証法が田辺の言う通り本当に実践本位の議論であるかどうかはさておき、ここで個人と全体が対立し合う弁証法の視点を田辺が打ち出していることは注目すべきだろう。なぜならここから田辺は、いわゆる「個→種→類」の三項関係からなる「種の論理」を展開するからである。

プロローグでも触れたように、「個→種→類」の構造はヘーゲル弁証法の「正→反→合」に由来するが、その詳しい内容については第三章で論じることとし、西田哲学が高橋里美からの批判を受けて自らの難点を修正し展開したところ、今度は弟子の田辺による批判を受けたことの歴史的意義を考察して、第二章を締め括りたい。こうした田辺による西田批判の論点が、狭い意味での京都学派の弟子たちにどういう影響を与えたかを見ることにしよう。

世界水準に達した京都学派

先に西田哲学の成立＝京都学派の成立ではないと述べた理由は、西田幾多郎がそのキャリアからして海外留学もせずに自分の頭だけで独自の思索をおこなっていたからである。それゆえたとえ再版された『善の研究』を通じて西田の名が全国的に知られたとしても、この現象はあくまでも日本国内の現象にとどまると見なされても仕方がなかった。けれども西田とはほぼまったく接点のない高橋里美が新カント派の立場から『善の研究』に批判を加えたこと、またそれよりはかなり時代が下るが、弟子の田辺元が西洋哲学に伝統的な新プラトン主義との親近性を西田哲学に認めたことは、西田哲学が世界水準に達したことを示す証左と見なされたのではないだろうか。西田を批判した高橋と田辺がいずれも海外留学の経験をしたことを考慮すれば、こうした見方は必ずしも贔屓目《ひいきめ》のものではない。

これ以降の京都学派は、西田哲学を引き継いで独自の体系構築をおこなうか、あるいは西田哲学から刺激を得て西洋哲学史の見直しを図るかの道筋をたどることとなる。いずれにせよ、西田哲学を踏まえて世界最先端の哲学を目指すものである。前者の道筋を選択したのが田辺元および京大四天王の高山岩男であり、後者を選択したのがやはり四天王の西谷啓治である。はからずもこの二人は、戦争協力に関わる二つの座談会に参画することになるが、これらのことと西田と田辺の戦争協力については、第三章で論じることとする。

コラム2　和辻哲郎

九鬼周造と並ぶ文人哲学者として知られている和辻哲郎が一時期、京都大学に所属していたことは、意外と知られていない。ここでは京大時代の和辻について中心的に述べる。

和辻は兵庫県生まれ、一高入学後しばらくは谷崎潤一郎《たにざきじゅんいちろう》（一八八六〜一九六五）らとともに文学活動をおこなうが、東大入学後哲学に転向してキルケゴールについての卒業論文を提出した。指導教官の井上哲次郎からキルケゴールの原書を借りた際に、その本を井上が読んだ形跡がなかったことを後年述懐している。卒業後は岩波書店の雑誌『思想』の編集にたずさわる一方、義兄で文化サロンを主宰していた高瀬弥一《たかせやいち》（一八八七〜一九五四）の支援のもとで、日本文化史の研究に打ち込んだ。その成果の一つが『古寺巡礼』（一九一九年）である。

法政大学などを経て一九二五年に京大助教授として招かれる。前述した京都学連事件における学生の大量検挙に関連して和辻は、学生たちの奉じるマルクス主義に対する生理的とも言える嫌悪感を「京大新聞」に吐露した。これをきっかけにしてマルクス主義の是非をめぐって河上肇《かわかみはじめ》（一八七九〜一九四六）と激烈な論争を展開する。この点、弁証法の理解を深めるなかでマルクス主義を批判的に摂取した田辺元とは対照的である。

一九二七年より一年間ドイツに留学し、帰国後教授に昇進する。一九三四年に東大より倫理学講座の教授として招聘を受け、定年退官するまでこの任にあった。京大の倫理学講座の後任は、高山岩男である。東大が和辻を迎えた理由は、長年にわたって哲学講座の主任を務めた井上哲次郎が後継者養成を怠ったため、苦肉の策だったと言われている。

代表作の一つである『風土』は東大に異動後の一九三五年に出版されたが、執筆のきっかけになったのは京大時代の海外渡航である。神戸を出発して上海、香港、シンガポール、カイロを経由してフランスのマルセイユに到着するまでに自ら経験した地理や気候の変化の印象を哲学的にまとめた。和辻によれば、風土には東アジア・南アジアのモンスーン、西アジアの砂漠、そして西欧の牧場の三類型があり、これらの類型により、その風土に住む人々の習慣や思考パターンが決定されるとした。

『風土』のこうした立論は、和辻本人からすればハイデガーが『存在と時間』において論じられなかった空間的問題を補ったものとされるが、むしろ文化史的には、西欧と日本、および日本と中国の思考パターンを区別するための議論と見た方が分かりやすい。和辻は台風の有無を日本文化と中国文化を区別するメルクマールとし、粘着質な中国人に対し淡白な日本人の気質の差異の根拠とした。

その後、和辻は一九三七年に発表された『国体の本義』の執筆に参画している。これは一九三五年の国体明徴声明《こくたいめいちょう》において事実上、天皇機関説が葬られた事態を受けて、文部省が数人の学者たちに編纂させた書物であり、万世一系の天皇制を強調する一方で、民主主義や個人主義が国体にそぐわないことを事細かに論述している。

第三章で述べるように、京大四天王が戦争賛美に向かうのは太平洋戦争勃発直前の一九四〇年であり、また三木清が昭和研究会に本格的に参加するのは一九三八年だから、和辻の言動がこれらのいずれよりも早いことは注目すべきである。それでいて和辻は公職追放を免れている。その理由は依然として不明である。

第３章　京都学派の展開
——京大四天王の活躍と三木清

京大四天王。左から鈴木成高、高坂正顕、高山岩男、西谷啓治。

1　西谷啓治と高山岩男——京大四天王の代表者

後進たちの課題

第二章で詳しく論じたように、京都学派は西田幾多郎が独自の思索で提示した哲学に、田辺元が西洋哲学史の全体を見渡した上での位置づけを試みたことによって成立した。具体的に言えば、西田がほぼ独自の道具立てで「純粋経験」「自覚」および「場所」の議論を展開したのに対し、田辺が哲学史の知識を駆使して、これらの議論が新プラトン主義やヘーゲル弁証法と近しいことを強調したことにより、京都学派の議論は西洋哲学史のコンテクストにはじめて置かれるようになったのだ。

先述のように、こうした西田の位置づけは、田辺の西田批判の前哨戦的なものであり、また田辺からこういう大掛かりな批判を受けたことで、西田自身、内心忸怩《じくじ》たる思いをしたに相違ない。しかし、こうした田辺の仕事があったおかげでその後の西田も田辺も、当時の西洋の哲学者のレヴェルでの議論の構築ができるようになったのだ。

この世界的レヴェルの議論をさらに発展させることが、西田と田辺に続く京都学派の後進たちの課題になった。これら後進の哲学者たちの学説の展開と、それが時代に翻弄されるさまを叙述するのが、本章の課題である。

京大四天王の経歴

その後進の哲学者たちが誰かと言えば、プロローグで触れたように、西谷啓治、高坂正顕、高山岩男、鈴木成高からなる京大四天王である。狭い意味での京都学派を彼ら四名と考える意見もある。論点を拡散しないため、四人のうちで主に扱うのは西谷と高山の二名になるので、ここでまず、まとめて四天王の経歴を紹介しておきたい。

西谷啓治は西田と同じ石川県出身、一高を経て京大哲学科に入学、一九三二年より京大助教授。一九三七年から一九三九年までドイツに留学し、一九四三年に教授に昇進。戦後は公職追放に遭うが、一九五二年より京大教授に復帰、定年退官するまでこの任にあった。シェリングの主著『人間的自由の本質』(一八〇九年。一般には『自由論』と呼ばれる)の初訳者として知られ、ドイツ神秘主義の解釈にも定評がある。

高坂正顕は愛知県出身、京大講師などを経て一九四〇年に教授に就任。公職追放後は関西学院大学教授、東京学芸大学学長などを歴任する。専門はカントだが、主著『歴史的世界』(一九三七年)を読むと哲学者には珍しく、人情の機微に触れた表現が多く見られる。著名な国際政治学者の正堯《まさたか》(一九三四〜九六)は次男である。

高山岩男は山形県出身、和辻哲郎の後任として一九三三年に京大講師となり、後に哲学講座に配置換えになる。助教授を経て一九四六年に教授に昇進した直後に公職追放に遭う。その後は日本大学、東海大学教授などを歴任して秋田経済大学学長となる。専門はヘーゲルで、西田と田辺の思想を統合する呼応《こおう》の原理を提唱した。

鈴木成高のみが哲学ではなく、西洋史を専門とする。高知県出身で一九四二年に京大助教授となる。公職追放後は早大で教鞭をとった。創文社の顧問でもあり、主著は『ランケと世界史学』（一九三九年）である。

四人は後述する座談会「世界史的立場と日本」（一九四一年）のメンバーと完全に重なる。座談会の開催当時はいずれも助教授ないし教授に成りたての若手だったが、昨今の年長者の顔色をうかがう若手研究者とは無縁の自由奔放な発言をおこなっている。四人の前例にとらわれない斬新な発想が仇《あだ》となり、西谷を除いて公職に復帰できない原因となったのは実に皮肉である。

西田と田辺に対する京大四天王の関係

ところで、四天王の師匠である西田幾多郎と田辺元に対する態度だが、田辺に対しては学問上は尊敬の念を抱いていたが、人間的には田辺の時に激しく激昂《げきこう》する性格に辟易《へきえき》していた一方、西田に対しては、終始敬愛していた点で共通していた。この点では、思想上、四天王に対立する三木清および、コラム3で取り上げる戸坂潤、梯明秀、船山信一らの西田左派とも同じである。

もっとも人脈的には左派に近い久野収《くのおさむ》（一九一〇〜九九）によれば、西田の自宅で定例的におこなわれた討論会にあっては、田辺は終始、西田と若き学徒のあいだを調整する側に回っていたと伝えられる。「夜更けまで又マルクスを論じたりマルクスゆえにいねがてにする」と西田がうたっていた頃のことである。いずれにせよ弟子たちから敬遠されたこともあって、田辺の直系の弟子は、武内義範《たけうちよしのり》（一九一三〜二〇〇二）や大島康正《おおしまやすまさ》（一九一七〜一九八九）などごく限られていた。もちろん第四章で触れるように、上山春平を田辺の「一番弟子」と見なす見方も存在する。

西谷啓治

西田寄りの西谷

こうした事情もあって、第二章で触れた「西田先生の教を仰ぐ」を機に顕在化した西田と田辺の対立の際にも、四天王はおおむね西田を擁護する側に回った。その代表格である西谷啓治の思想の展開をしばし見ておこう。

経歴を紹介する際に触れたように、西谷の名は、シェリングの『自由論』の本邦初訳者として知られている。その事情もあって、西谷のシェリング解釈がわが国におけるスタンダードだと見る向きもあるが、少なくとも卒業論文の「シェリングの絶対的観念論とベルグソンの純粋持続」（一九二四年）を見るかぎりでは、西谷の関心は、当初から田辺のようにシェリングよりも、むしろフィヒテやベルクソンに向けられていた。第二章で述べたように、この時期の西田の立場は「自覚」から「場所」への過渡期にあたる。また『自覚に於ける直観と反省』の序では、西田自身が自らの思想上の移行において、フィヒテとベルクソンに多くを負っていると書いているのだから、西谷の関心は、田辺的な視点でのシェリング理解というよりも、「自覚」から「場所」へと移行する時期の西田の立場に足場を置いていると考えるべきだろう。

それゆえ「西田先生の教を仰ぐ」の発表によって西谷が、『自由論』の初訳者ゆえに見られがちな田辺寄りの立場と、卒論以来依拠してきた西田の立場のいずれに与するかに苦悩したことは容易に想像できる。西谷が両者の哲学について語るのは戦後になってからのことだが、『神秘思想史』（一九三二年）のなかで、田辺が西田を批判する際に用いた発出論を擁護していることから推察すると、西谷はあくまでも西田の立場にあると結論づけてよいだろう。

西谷による発出論擁護——西田支持の立場

『神秘思想史』で西谷は、プロティノスの発出論には二つの位相があることを強調する。つまりヌース（知性）から流出するものは、流出するかぎりではヌースとは別物だが、流出するものが自己自身を見るときには、流出した自己と同時に自己を流出したヌースの生産力も見るとされる。それゆえ流出したものは、いわば金太郎飴的にどの部位をとっても同じ構造をなすわけではない。流出した自己は、たしかに流出元のヌースとは差異を感じつつも、その一方ではまた同時に自己を流出したヌースの生産力にもつながっていると感じる。それが発出論の真意だというのである。このように発出論を擁護することによって、田辺の西田批判の当否の判断は保留しつつも、田辺が西田のものとした発出論理解が一面的だと西谷は暗に批判しているわけである。

こうした西谷による発出論理解は、最近のプロティノス解釈に通じるものがあるとして、現在、高く評価されている。

生の根源性と神秘思想

それでは、発出論擁護を通じて西田支持の旗幟《きし》を鮮明にした西谷は、西田哲学のどういう点を受容したのだろうか。彼の主著である『根源的主体性の哲学』(一九四〇年)をもとにして考察しておこう。

この書の第一論文「ニイチェのツァラトゥストラとマイスター・エックハルト」で西谷は、一三世紀の神秘思想家エックハルトと、一九世紀の思想家ニーチェ(一八四四~一九〇〇)を結びつける。生きた年代が五〇〇年以上もかけ離れている両者を同列に論じることには無理があるのではないかという異論が寄せられることを重々予想したうえで、あえて西谷が両者の共通点として挙げるのは、それぞれが生きた時代の宗教的環境から背を向けた物言いである。

エックハルトは当時主流だったトマス・アクィナスのアリストテレス的思考に満足できずに、新プラトン主義を拠り所とし、ニーチェも初期のギリシア悲劇研究を背景にした独自のキリスト教批判を旨としている。この、それぞれの生きていた時代の宗教的常識に挑戦している点において、両者は共通していると西谷は見る。エックハルトとニーチェのいずれもが生の根源性を求めている、そう西谷は断定し、間接的に、田辺の絶対的弁証法から距離をとることを示唆している。

後述するように、この時期の田辺は種の論理の構築に心血を注ぎ、田辺なりに生命の問題に取り組んでいたのだが、これも繰り返しになるが、中期西田哲学に相当する「自覚」から「場所」にいたる枠組みを重視する西谷の眼からは、こうした田辺哲学の展開も、生の根源性を直視しない、ある種の論理主義としか映らなかったのだ。

主体的無の行方

このように言ってしまうと、西谷啓治は完全に中期西田哲学のエピゴーネンに過ぎないと思われるかもしれない。だが、西田とは異なる西谷の特徴は、生の根源性を背景にしてキリスト教を解釈するところにある。

周知のように、キリスト教は宗教改革以降さまざまな派に分裂し、さらにはその後、社会主義勢力が台頭して以降は、いよいよ社会的統合の後ろ盾ではなくなった。キリスト教史もこの状況を受けて、宗教から歴史を把握したり、逆に歴史から宗教を把握したりする視点が打ち出されるようになった。第二論文「宗教・歴史・文化」では、こうした傍観者的な宗教観が厳しく批判され、俗世からは離れた宗教の立場が強調される。その足がかりとなるのが、先に示した神秘思想の系譜だ、そう西谷は主張する。

西谷自身が言うように、神秘思想は脱俗的なものだから、現実にはそっぽを向くのが神秘思想の当然の成り行きにも思えるが、西谷は逆に、神秘思想の立場から、世俗の倫理を批判する。とりわけ西谷が問題にするのは、ルネサンス以降の人間中心主義と、その帰結である民主主義である。人間中心主義であれ民主主義であれ、両者において、その起点となる人間の理性が自明視されていることに不満を抱き、西谷は、理性を否定するところに生の根源性が見出されることを強調する。なお民主主義に疑念を抱いている点では、西谷の政治観は『国体の本義』のなかで国体が民主主義に適合しないと論じた和辻哲郎に近似的である（コラム2を参照）。

この生の根源性こそが、西谷の言う「主体的無」に他ならない。これについては、後述する『近代の超克』に収められた論考「『近代の超克』私論」（一九四二年）で比較的平明に語られている。それによれば、われわれから身体と意識的自己を除いても、そこには何も残らないわけではなく、むしろどうしても対象化することのできない「主体的無の立場」が現れる。この立場に立つと、「文化や科学を含めて一切に対する絶対の否定が直ちに絶対の肯定に転じ得る」。すると主体的な無の立場は超越的な立場に立ちながらも、世界に内在して文化を創造し、科学する主体にもなり得るという「世界超越と世界内在とへの自由」を獲得する。そしてこうした主体的無の立場は「東洋的な宗教性の特徴」だとされる。

ここには「無」とか「東洋的」といった、いい意味でも悪い意味でも京都学派的な言葉がちりばめられているので、京都学派の正統的な後継者はやはり西谷啓治だという声が聞けそうだ。だが、もう少し西谷自身の議論の整合性に注意してもらいたい。

先に西谷が神秘思想の立場から批判を加えた近代思想は、人間中心主義と民主主義だった。けれどもここで西谷が「主体的無」を持ち出して批判したのは「文化を創造し或《あるい》は科学する主体」にとどまり、民主主義の是非を論じる以前に言及しなければならない社会制度が射程に収められていない。というよりも西谷は、社会制度には何ら関心を有さず、「国民倫理」の中心に「滅私奉公」を置くことで国家と個人をダイレクトに結びつけることに終始し、両者を媒介する市民社会および、その歴史的展開を考えていない。

西谷と田辺

こうした西谷の態度は、他の京都学派の哲学者に較べて格段に政治的なセンスを欠いていることを含意する。よりによって西谷は、『根源的主体性の哲学』の第四論文「近世欧羅巴文明と日本」において、あたかもハイデガーを想起するような筆致でヒトラー（一八八九～一九四五）を次のように賛美している。

曾《かつ》て初めて『我が闘争』を読み出し、やがて、一人の天才的政治家の告白録ともいうべき此《こ》の書のうちに、「もし社会民主主義に対して、よりよき真実性をもち、然《しか》もそれを貫徹するに同等の Brutalität をもつ如き一つの教説が対立せしめられるならば、この教説は勝利を得るであろう」という言葉に出会ったその時の感情を、私は未だに忘れることは出来ない。

この後『我が闘争』からの引用が何度か続けられる。わが国では欧米においてハイデガーのナチス協力を取り上げる本が刊行されるたびに話題になるが、わが国有数のこの哲学者の問題発言を取り上げる論者は皆無である。この事態は不公平と言う他ないが、いずれにせよ、西谷の政治音痴ぶりを示す証拠と見なすべきだろう。なおこの著書を刊行する直前に西谷はドイツに留学しており、留学先から田辺に送った書簡のなかでナチス運動に対する共感を表明し、田辺を激怒させたとされている。

田辺の西谷宛の書簡は公刊されていないので、具体的な経緯は定かではないが、ドイツの哲学者ヤスパース（一八八三～一九六九）が、夫人がユダヤ人であることを理由にナチスにより弾圧されていたことを田辺が案じていたことを念頭に置けば、ナチスに対する反感が西谷に対する田辺の不快感の原因であることは容易に推測できる。

戦後に発表された「西田哲学と田辺哲学」（一九五一年）で西谷は、後期田辺が主張する「懺悔《ざんげ》」が個人的な問題にとどまり、西田の主張する自覚に見出される社会的認容の広がりが乏しいことを批判するのだが、同じことは、西谷自身の立場にも当てはまるのではないだろうか。西谷のこうした脱俗的な態度を純粋に哲学的なものとして、魅力を感じる読者もいるかもしれない。けれども西谷が最初から脱俗的な態度をとっていたわけではないことは、座談会「近代の超克」における小林秀雄《こばやしひでお》（一九〇二〜八三）とのやり取りを読めば明らかになるのだが、これについては第3節で扱おう。

「主体的無」というイメージ

このように、西谷啓治は発出論の擁護を通じて田辺の西田哲学批判をしりぞけ、またアウグスティヌス、マイスター・エックハルト、ニーチェといった脱俗的思想の系譜をたどったうえで「主体的無」に到達した。ここから西谷は、独特の禅を基調にした仏教理解を通じて京都学派の東洋的性格を形成してゆく。ここでは議論には深入りせず、「空と即」（一九八二年）の一節を鑑賞することで京都学派の雰囲気にしばし浸ることにしよう。

事々無礙《じじむげ》ということは一切の理路を絶した所である。その所では相矛盾する両面が一つになっている。一方ではそれは一物もなき絶対的な開け、全然の虚空であり、他方では、万物のそれぞれを「コスモス」という秩序のうちで限定しつつ連関せしめる条理の枠が脱せられ、それ以前なる「渾沌《こんとん》」の相が現われている。但《ただ》し、ここでは渾沌も、空と一つなるものとして、理事《りじ》無礙なる世界連関の以後である。あらゆる哲学的な存在論や認識論の「理法」の窮極する処において、つまり、有と無、知と不知を包括し且《か》つ理と事とを回互的に相即せしめる如《ごと》き理事無礙なる「法界《ほっかい》」の極まる処において、その法界が一歩自らの外に出て、もともと自らの根柢をなしていたものへ、それ自身の「もと」へと帰った所、いわば理事無礙法界の脱自的な自覚の所、それが事々無礙法界といわれる所に外ならぬ。

こうしたまさしく禅問答的とも言える神秘的な語り口は、京都学派には属さないが西田と同郷で生涯にわたって親交があり、高度な英語能力を駆使して禅を海外に紹介した仏教学者鈴木《すずき》大拙《だいせつ》（一八七〇〜一九六六）の活動とも重なって、西谷こそが西田哲学の正統的な後継者であるというイメージを内外において増幅させることになった。辻村公一《つじむらこういち》（一九二二〜二〇一〇）や上田《うえだ》閑照《しずてる》（一九二六〜）の思想が醸し出す神秘主義的な傾向も、広い意味では西谷の系譜を継いでいるとも言える。しかしこれらの系譜の禅理解の是非は本書の関心事ではないので、そろそろ高山岩男の思想を検討することにしよう。

高山と西田、田辺

まずは西谷啓治と同様に、西田幾多郎と田辺元との関係から見ておこう。西田と田辺の関係を論じるコンテクストにおいて高山を扱う際に大きなポイントになるのが、高山自身がこの二人と友好的な関係を終始維持していたことである。先に示したように、西谷はナチスを賛美したこともあって田辺と緊張関係にあったが、高山は田辺と一緒に散歩したときに突然「種の論理」の構想を聞かされたエピソードを披露したことでも知られるように、関係はいたって良好だった。

高山岩男

何より注目したいのは、高山の最初の単著が『西田哲学』（一九三五年）と銘打たれたことである。現在では汗牛充棟《かんぎゅうじゅうとう》の感のある西田哲学の解説書を最初に書いたのが他ならぬ高山であったこと、しかも「西田先生の教を仰ぐ」の発表後の田辺が高山にこの話を持ちかけたことは、西田と田辺の双方によって、京都学派の将来を担うのは高山だと見なされていたことの証左と思われる。

「呼応的関係」——西田哲学と田辺哲学の調停

本章で問題にするのは西田哲学の解説ではなく西田哲学と田辺哲学の関係なので、ここでは高山の『西田哲学』ではなく、高山の戦後の主著の『場所的論理と呼応の原理』を取り上げたい。ここで高山が、両哲学を折衷して「呼応的関係」という概念を案出していることに注意したい。

序章で高山は自らの原理を「場所的原理」と規定し、その言葉から連想される西田哲学との異同について説明する。たしかに「場所」という術語を用いれば、高山の立場が西田と寸分違わないというイメージを醸し出すかもしれない。だが、自分の依拠する論理はあくまでも「呼応的関係」なのであって、西田の言うような「絶対矛盾的自己同一」ではない、そう高山は言う。

後述するが、この時期の西田は絶対矛盾的自己同一を支えるものとして「行為的直観」を説いている。しかしこの行為的直観はある種の状況を説明する語ではあっても論理ではない。すなわち論理的な術語である「絶対矛盾的自己同一」と、状況説明的な「行為的直観」の関係が西田にあっては不分明である、そう指摘して高山は、自分は行為的直観を後ろ盾としない独自の場所的論理の構築を模索する点を強調する。

それでは田辺哲学との関係はどうなるのだろうか。第二章で論じたように、田辺はシェリング的な悪への自由を弁証法に盛り込んだのだから、発出論に絡め取られることのないダイナミックな絶対的弁証法を説く田辺の方が、場所的論理の実質として好ましい、そう高山は判断する。しかしその一方で、後述するように田辺は「種の論理」を提唱しているが、それは場所的論理にはそぐわない論理であるとする。要するに高山は形式においては田辺から「種の論理」抜きの「絶対媒介」的な論理をそれぞれ取り出して、この二つをつなぎ合わせようとするのである。

プラグマティズムについて

ここで扱われている「絶対矛盾的自己同一」「行為的直観」「種の論理」および「絶対媒介」の概念は難解で、そもそも高山による西田哲学と田辺哲学の理解が果たして妥当なのかという大問題もある。これらについては後で論じることとし、ここではまず、比較的分かりやすいプラグマティズムと高山の関係から見てゆこう。

プラグマティズムとは、一九世紀後半から二〇世紀前半にかけてアメリカで展開された思想である。第二章で触れたように、カントにおいては善き行為とは無条件的な定言命法にもとづいた実践（プラクティス）であるのに対し、プラグマティズムは目的に合わせて身辺の環境を改善するという特徴をもつ。人間の行動の正誤を判断するためには、そのための何らかの基準がなければならないと考える点においてはカントとプラグマティズムは一致する。だが、カントのように人間からはかけ離れた大文字の真理を人間の行動の正邪の判断基準にするのではなく、人間の側の都合を重視する実用的（プラグマティック）な態度であることから、プラグマティズム（実用主義）と名づけられる。

一般にプラグマティズムに分類される哲学者はパース、ジェームズ、デューイの三人である。すでに触れたように東大の心理学講座の初代教授である元良勇次郎はパースから直接学んでおり、第四章で論じるように新京都学派の上山春平も原点はパースにある。西田哲学のキーワードである「純粋経験」はジェームズに由来する概念であり、また高山岩男もデューイの「探究」を重視するから、プラグマティズムはカント、シェリング、ヘーゲルらのドイツ観念論とともに陰に陽に京都学派の哲学の土壌を形成したといってよいだろう。

デューイの「探究」

それではデューイと高山の関係に話を絞り込もう。高山はプラグマティズム哲学者のなかでもとりわけデューイの論理学を、問題と解決のあいだに「探究」を位置づけていることを理由に高く評価する。デューイは絶対的な真理を求める哲学的アプローチをドグマとしてしりぞけ、多くの人間にとって好ましく、そして信じられるものを見出すプロセスを重視した。つまりは問題の解決という結果を求めるよりも、問題が解決にいたるまでの探究の道すじに注目する。

このデューイの探究の態度は、意外にもヘーゲルの弁証法に近似的である。プロローグでも述べたが、弁証法とは正→反→合の順で進行する思考法であり、合にいたるまでの正と反が、それぞれ主観と客観と見られることが多い。弁証法によれば、この主客の対立が、合において解決されることになるわけだが、デューイに言わせれば、事態はそれほど単純ではない。観察する側（正）が観察される側（反）から影響を受ける場合もあれば、逆に観察する側（正）が観察される側（反）に影響を与える場合もある。言うなれば探究とは、このように主客が相関する「場所」なのである。そして高山は、このデューイの探究の場所が西田の「場所的論理」に近しいと見るのである。

前述のように西田哲学はジェームズ哲学から大きな示唆を受けているのだから、ジェームズと同じプラグマティズムに属するデューイを切り口にして「場所的論理」に接近する高山の議論は、なかなか説得力に富んでいる。しかし他方、高山は、プラグマティズムにある種の限界があることも認める。

デューイは問題と解決の関係をあくまで科学の操作的探究との関連で考察するにとどまり、探究そのものの根源に場所的論理が存することを自覚していない。それゆえデューイは、探究の論理を自然科学から社会科学の領域へと拡張するにとどまって、哲学そのものの原理として掘り下げていない、そう批判されることになる。それでは探究の論理を掘り下げるとどうなるかと言えば、「呼応的関係」に到達するというのが高山の主張である。

呼応的関係とレヴィナス

上山春平は、デューイの探究の態度をパースに引きつけて、別の解釈を施している。だが、これについては第四章で論じることにして、ここでは高山哲学のキーワードである呼応的関係の解説に集中しよう。

高山はまず、「呼応」を〈呼ぶ - 応える〉という〈我と汝〉の人格的な関係と捉える。というか、こうした呼応の関係があってはじめて、人格的な関係が成立する、そう考える。こうした人格的関係を前提にして改めて近代の認識論における主観 - 客観関係を捉え直せば、主体とモノとの非人格的な対象認識よりも、呼応的な人格的関係の方が根源的だと考えられる。呼応的関係は単なる心理的現象に過ぎず、哲学的問題として捉えるのは不適切だと捉える向きも存在する。だが、高山によれば、そもそも呼応的関係が前提とされていなければ、心理的現象は成立しようがないのである。こうして高山は、主客関係を認識論的な主観‐客観関係ではなく、主人と客人のあいだの呼応的関係と捉え直すことになる。

こうした呼応的関係は、唐突に思えるかもしれないが、読みようによっては二〇世紀を代表する哲学者の一人のレヴィナス（一九〇六～九五）の次のような「顔」の倫理を連想させるものである。なおレヴィナスは、ハイデガーの弟子でもある。

顔において〈他者〉が、絶対的に他なるものが現前する。けれども顔は〈同〉を否定するわけではなく、また思いなし《オピニオン》や権威、超自然的な脅威に充ちたものがそうであるように、〈同〉を蹂躙するわけではない。顔は、それを迎えいれる者の身の丈のうちにとどまり、あくまで地上のものでありつづける。顔において〈他者〉が現前することは、際だって非暴力的なできごとである。私の自由を傷つけるのではなく、私の自由を責任へと呼びもどし、私の自由をむしろ創設するからである。それは非暴力的なものでありながら、〈同〉と〈他〉の多元性を維持する。顔において〈他者〉が現前することが平和なのである（熊野純彦訳『全体性と無限（下）』岩波文庫）。

レヴィナスの文章は独特の詩的な含みをもっており、それが彼の哲学を魅力的にするとともに難解なものにもしているのだが、ここで言われている「顔」は、自己と他者を結びつけるものと見なされている。相手の顔は視覚や触覚によってその全貌が捉えられるものではなく、また相手を屈服させても相手の「顔」を支配することにはならない（レヴィナスの研究者としても知られる内田樹が強調するように、ノーベル文学賞の作家カミュ〈一九一三〜六〇〉の小説『異邦人』〈一九四二年〉の主人公が太陽の光で目がくらんでアルジェリア人を殺傷する叙述を思い起こすとよい）。言うなれば、他人の「顔」は自己の思うがままになるものでも自己を問い質すものでもない。むしろたがいの「顔」を通じて、自己と他者が意思疎通をおこなっているのである。

こうした自己と他者の関係を根源的に基礎づける顔の倫理を論じるにあたりレヴィナスは、他者を理性のうちに完全に取り込むヘーゲルの弁証法の批判からはじめて、言語による意思疎通へと話を進めていく。デューイ経由でヘーゲルを批判する一方、〈呼ぶ‐応える〉という呼応のモデルを介して西田が苦心した主客関係の基礎づけを人格的な関係に捉え直す高山岩男の議論と、意外に近しい関係にあると言っていいだろう。

こうした観点から改めて主客関係を考察すると、呼応的関係に先立って主客関係が存在するとか、あるいは「主体」や「客体」がそれぞれあらかじめ存在すると考えるべきではないということになる。むしろ呼応的関係が先行し、その後で「主体」とか「客体」という新たな事態が発生する、そう高山は考える。この観点から先ほど話題にした、問題と解決のあいだの関係も捉え直される。つまり「探究」とは、「主体」からの「呼びかけ」に対して「客体」の側が「応える」という関係に他ならない、そう捉え直されるのである。だが高山は、いかにして問題が解決されるべきかという各論的考察には進まず、課題と解決が呼応的関係を通じて関連する事態の考察に向かい、場所的論理に到達した。

正統的な後継者としての高山

こうして見ると、田辺よりも西田を重く見て難解な主体的無に沈潜してゆく西谷啓治よりも、西田と田辺のそれぞれの長所を取り出し、それに現代思想的な要素も取り込んで換骨奪胎した論理へと導いた高山岩男の方が、少なくとも一般的には興味深い思想を展開したと言えるだろう。先述のように人事のうえでも高山は、一九四五年の田辺元の定年退官を受けて教授に昇進している。けれども周知のように敗戦後のGHQによりこの二人を含む京大四天王は公職を追放され、そのうち西谷のみが京大に復帰したため西田幾多郎→田辺元→高山岩男という京都学派の正統的な系譜は忘却された。

それでは次に、彼ら四天王がいかなる理由からこうしたＧＨＱの措置を受け容れざるを得なかったのか、そこにいたるまでの理路を検証しよう。ここでプロローグで若干触れた、京都学派と日本浪曼派との関係が重要になってくる。

2　三木清と昭和研究会

時局との関係

京都学派と日本浪曼派の関係を考えるときに重要になるのが「世界史的立場と日本」と「近代の超克」という二つの座談会である。これらの座談会が開催されるための地ならしをした哲学者として注目されるのが、一時期は西田幾多郎の後継者と目された三木清である。

プロローグでも若干触れたが、つい最近まで三木の名は、第二章で論じた田辺元を凌ぎ、京都学派の元祖である西田幾多郎に次ぐ名声を得ていたと思われる。その理由としては、西田哲学とマルクス主義を結合したような斬新な哲学構想のアイディアが駆け出しの哲学学徒たちを魅了したこと、また戦争末期に左翼活動家をかくまったかどで検挙され敗戦直後に獄中死したことが、知識人の悲劇的結末と受け止められたことなどが挙げられるだろう。

また三木の文体は、西田を含めた京都学派の哲学者のなかでは飛びぬけて平明であり、『人生論ノート』(一九三八〜四一年)にいたっては、高校の現代文の教科書にも掲載されて新たな読者さえも獲得している。専門研究とは別にマルクス主義にも一定の理解を示す態度や、シンポジウム等で学際的な発言をおこなうという研究スタイルは、現在の哲学研究者にも継承されている。

三木清

近年の否定的評価

けれども一九九〇年代以降、三木研究は、大きな転機を迎えることになった。そのきっかけは、後述する「支那事変の世界史的意義」(一九三八年)が紹介され、これまで戦争に最後まで抵抗してきた左翼知識人と目されてきた三木が、実際には日中戦争以後称揚された「東亜協同体論」の旗振り役だということが明るみに出たことである。これ以降、三木は日中戦争を正当化した体制的イデオローグと見なされ、今なお否定的に評価されている「京大四天王」と同列に扱われるようになった。

もちろんこうした三木の時局への便乗は表向きのものであって、転向知識人たちの生き残り策の一環として評価されるべきだという意見もある。だが、本書ではそうした三木哲学の是非を論じるより、三木がマルクス主義へと急速に接近するもののやがて離反し、東亜協同体論を提唱するにいたるまでの軌跡を追うことにより、こうした三木の一連の活動が、当人が望んだこととは別に、先述の二つの座談会を開催する準備となった点を強調しておきたい。

マルクス主義に出会うまで

まずマルクス主義に接触するまでの三木清の足跡に簡単に触れておく。三木は兵庫県に生まれ、一高在学中は文学に耽溺《たんでき》し社会的関心は持っていなかったが、西田の講演会を聴いて哲学に目覚め、その教えを受けるため京大哲学科を志望した。大学卒業後の一九二二年から三年間、岩波書店からの資金援助によりハイデルベルク大学に留学し、田辺元や高橋里美と同様リッカートから学んだあと、マールブルク大学に移って定職を得たばかりのハイデガーに師事した。

先述したように、田辺がハイデガーに接触したのはまだ助手の時分だったので、田辺よりも若干遅い出会いとなる。当時のハイデガーは『存在と時間』（一九二七年）の準備の途上にあり、後に解釈学の大家となるガダマー（一九〇〇〜二〇〇二）をはじめ、大哲学者となる若者たちがハイデガーの下に集っていた。三木がガダマーと知己であったかどうかは判然としない。だが、当時ハイデガーの下で助手を務めており、後日亡命し、東北大学で教鞭を執ることになる、ユダヤ人哲学者レーヴィット（一八九七〜一九七三）と親しい交流をしていたのは確かである。レーヴィットは、後に名著『ヘーゲルからニーチェへ』（一九四一年）を執筆することになる。

三木は留学中にパスカル研究に取り組み、帰国後に最初の著書『パスカルに於ける人間の研究』（一九二六年）を上梓《じょうし》した。ここまでの経歴を見ると、当時の三木はどう見ても実存哲学の研究者を目指していたように思われるわけで、最初の著書からほどなくして立て続けにマルクス主義に関する論文を発表したことは周囲を驚かせた。

マルクス主義者との論争とそこからの離反

三木がマルクス主義に興味をもつきっかけについては、ドイツ留学中に交流していた歴史学者の羽仁五郎《はにごろう》（一九〇一〜八三。当時は森姓）の影響があったとか、一時期日本共産党の理論的指導者だった福本和夫《ふくもとかずお》（一八九四～一九八三）の旺盛な著述活動に刺激を受けたなど諸説あるが、西田幾多郎の仲介を得た経済学者の河上肇が自分の不得手な唯物史観の研究を三木に依頼したことが直接的な起因だろうと思われる。いわば外在的な理由により、三木はマルクス主義に接近したのだ。第二章で触れたように、田辺元も学生善導のためにしぶしぶ弁証法研究を始めたのだから、皮肉にも三木の京大哲学科への異動を拒んだ当事者と同じような事情が三木の場合にも存在していたことになる。

こうした経緯を経て三木が最初に書いたマルクス主義関連の論文が、「人間学のマルクス的形態」（一九二七年）である。ここで三木は、ハイデガー経由の「基礎経験」を基軸にした人間学と、マルクス主義的なイデオロギー論の結合を主張した。その後三木は「マルクス主義と唯物論」「プラグマチズムとマルキシズムの哲学」「ヘーゲルとマルクス」を立て続けに発表し、これらをまとめて『唯物史観と現代の意識』（一九二八年）を刊行した。

人間学とマルクス主義の組み合わせは、初期マルクスの『経済学・哲学草稿』（一八四三～四五年）を知っている現在のわれわれの眼からすれば特段に目新しいものではない。だが、この草稿が発見されたのは一九三二年であり、また当時はマルクス・レーニン主義の全盛期だったことから、「マルクス主義＝唯物論」「人間学＝観念論」という硬直した図式論がマルクス主義者たちにおいて大勢を占めていた。そのため唯物論と人間学は両立できないという批判がマルクス主義者から三木に多数浴びせられた。『唯物史観と現代の意識』のみならず『歴史哲学』(一九三二年)に寄せられたマルクス主義者からの批判があまりに激烈であったために、その後三木はそれ以上のイデオロギー論の展開を断念し、基礎経験と人間学のなす図式を温存したパトロギー論へと議論を転回することになったが、その場合でも終始、三木の念頭にあったのは、マルクス主義者の動向だった。このことに留意しつつ、三木のシェストフ論を検討しよう。

シェストフとその周辺

シェストフ(一八六六〜一九三八)という人物は今日ではほぼ完全に忘れ去られているので、若干説明をしておこう。本名はレフ・イサコーヴィッチ・シュヴァルツマンと言い、一八六六年にキエフの裕福なユダヤ人事業家のもとで生を享《う》けた。青年期に共産主義に共鳴したがやがて転向し、転向に由来する不安な心理のなかでドストエフスキー、ニーチェ、キルケゴールといった通常であれば実存主義に分類される思想家の研究をおこなった。ロシア革命以後は反ボルシェビキの旗幟《きし》を鮮明にし、スイスを経て一九三八年にパリで客死した。

彼の書いた『ドストエフスキーとニーチェ』は、文芸評論家で座談会「近代の超克」の

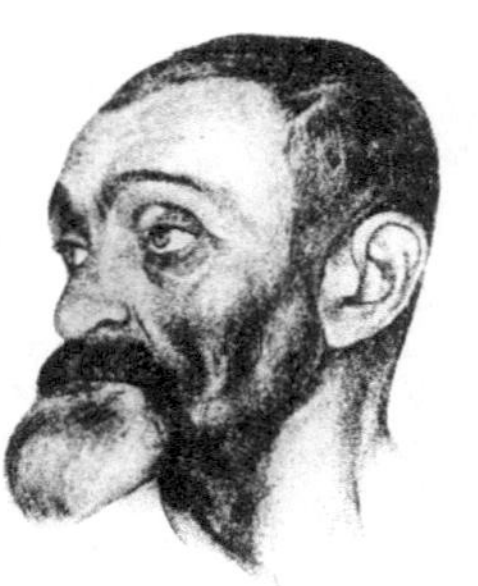

シェストフ

司会者として知られている河上徹太郎《かわかみてつたろう》（一九〇二〜八〇）と阿部六郎《あべろくろう》（一九〇四〜五七。阿部次郎の弟）によって一九三四年に『悲劇の哲学』の書名で邦訳され、これをきっかけに空前のシェストフ・ブームが巻き起こった。

　ブームが起きた背景には、『悲劇の哲学』が刊行された前年の一九三三年に日本における共産主義運動が壊滅的状況に陥ったことがある。この年の国内外の主な事件を挙げれば、一月にドイツでヒトラーが首相に就任し、二月にプロレタリア作家の小林多《こばやした》喜二《きじ》（一九〇三〜三三）が改正後の治安維持法違反の容疑で逮捕され、築地警察署で特別高等警察の拷問により虐殺された。三月には日本が国際連盟を脱退、六月には当時日本共産党最高幹部だった佐野学《さのまなぶ》（一八九二〜一九五三）と鍋山貞親《なべやまさだちか》（一九〇一〜七九）が「共同被告同志に告ぐる書」を獄中より表明して転向を宣言し、これをきっかけに多くの知識人が共産主義から転向した。

　このように一九三三年は、共産主義運動の衰退とファシズムの台頭が好対照をなした年であり、それだけに同じように共産主義から転向していったシェストフの議論を、多くの知識人が深刻に受け止めたのである。

深刻に受け止めた知識人の典型と目されるのが、保田与重郎とともに日本浪曼派の論客として知られる、文芸評論家の亀井勝一郎である。北海道の裕福な家庭に生まれた亀井は少年時代にキリスト教に傾倒し、そこで培《つちか》われたヒューマニズムの観点に立って社会主義運動に邁進《まいしん》したが、ほどなくして治安維持法により検挙された獄中で小林多喜二の惨殺を知る。芸術をとるか、それとも政治をとるかの選択に悩まされ続けた末に亀井が出会ったのが、シェストフの『悲劇の哲学』だった。

出獄後に執筆した「生けるユダ（シェストフ論）」（一九三五年）で亀井は「偉大なる殉教者とは最も醜悪な背教者の謂《いい》に他ならぬ」という逆説をシェストフの描くユダの姿に読み取り、政治とともにみずからの懸案であった芸術の世界の追求を正当化するロジックを手にしたのだ。

シェストフ的不安の解釈

他方、転向の正当化とは別の要素をシェストフから読み取ったのが、三木清に他ならない。プロローグでも触れたように、当時の三木は田辺元との人間的な確執ゆえに京大教授の道を絶たれたので（三木の奔放な女性関係が田辺を苛立たせたと言われている）、法政大学教授就任を機に活動の拠点を東京に定め、ジャーナリズムを中心にアカデミズムの縛りから離れた自由な発言をおこなっていた。本来なら三木の専門外である文学に属するシェストフの解釈も、こうした発言の延長上にある。

題名がそのまま流行語になった「シェストフ的不安について」(一九三四年)において三木は、シェストフの議論から「憂鬱、低徊《ていかい》、焦燥などの日常的心理」ではなく「非日常的なリアリティ」を受け取るべきだと主張する。そして同時期に書かれた「ネオヒューマニズムの問題と文学」(一九三三年)では、こうした不安の思想は「新しい人間性の探求、人間の新しいタイプへの努力」に結びつけられ、「個人」を発見したルネサンスを引き合いに出して、「社会的人間」の発見が、新しいヒューマニズムの課題だと主張する。

亀井流のニヒリスティックな理解からは一線を画した三木のシェストフ理解は、必ずしも三木独特のものではない。『悲劇の哲学』の一方の訳者である河上徹太郎も、シェストフの議論を一九世紀的デカダンスではなく、パスカルやスピノザの生きていた時代の「知的万能」の気分で解すべきだと主張しているのだから、これだけを見れば三木のシェストフ論はそれなりに穏当なものだと言えるのかもしれない。けれども、こうした「不安の思想」の解釈から「能動精神」の立場への転換を呼びかけるときに三木が念頭に置いた相手は、かつて彼を口々に批判し、現在は転向した左派知識人だったのである。

能動的精神への転換

「行動的人間について」(一九三五年)で三木は、知識人のなかで「能動的精神の擡頭」が見出されることに注意を促し、このことと、先に論じたシェストフ的な不安の思想の関係を論じている。繰り返しになるが、不安の思想は「単なる憂鬱、恐怖、焦燥に過ぎない」ものではなく、むしろルネサンスにつながるような「知的な、思想的なもの」だった。それはむしろ河上が示唆するような「自由な、冒険的な探究」だったのだから、「すでに自己のうちに或る種の能動的精神を含んで」いたのである。

それでは「能動的精神」は、具体的にはどのように語られるべきなのだろうか。そこで三木は、今では忘れられたフランスのヒューマニスト、フェルナンデスが論じる「人物」(ペルソナージュ)の概念に注目する。「人物」(ペルソナージュ)とは、「人格」(ペルソナリテ)と異なり、人間の内面だけでなく内面と外面の関係を考慮して、人間を統一的に把握する観点である。このことを説明するために三木は演劇をモデルにして、観客と役者の役割を超えた第三の視点に作家が立たなければならないと主張する。こう考えれば「人物」(ペルソナージュ)とは、あくまでも行動の観点に立たなければならないことになる。

他方で「人物」(ペルソナージュ)は、作家によって「それぞれの役割を演じる役者(ペルソナージュ)」でなければならず、能動精神は知識人に「役割における人間」であることを求める。こうした「役割における人間」が「ネオヒューマニズムの問題と文学」のコンテクストに置かれれば、自らの役割に応じた行動をすることが、「社会的人間」の発見だということになる。

「行動的人間について」における三木の狙いは、演劇モデルで人間像を提示することによって、知識人にマルクス主義的な思考からの脱却を呼び掛けることにあった。マルクス主義にしたがうかぎり、知識人は自らの階級的な自覚とプロレタリア階級からの要請とどのように折り合いをつけるかに終始悩まされるが、いったん演劇モデルにしたがいさえすれば、知識人はいわば知識人という「役割」さえ果たせばいいわけで、しかもマルクス主義が身に染みた立場からすれば、外見的には以前と同様の社会的献身をすることが可能となる。

「能動精神座談会」

「能動精神」に対する関心が、たんなる三木自身のマイ・ブームではなかったことは、当時、紀伊國屋書店から出されていたその名も『行動』と題された雑誌に「能動精神座談会」が掲載されたことからうかがい知ることができる（一九三五年三月号）。

座談会の出席者は政治サイドからは、木下半治《きのしたはんじ》（一九〇〇〜八九）、蠟山芳郎《ろうやまよしろう》（一九〇七〜

九九。政治学者、政道《まさみち》の弟)、文学サイドで阿部知二《あべともじ》(一九〇三〜七三)、窪川鶴次郎《くぼかわつるじろう》(一九〇三〜七四)、武田麟太郎《たけだりんたろう》(一九〇四〜四六)、舟橋聖一《ふなばしせいいち》(一九〇四〜七六)、森山啓《もりやまけい》(一九〇四〜九一)、そして哲学サイドからは戸坂潤と三木である。司会は紀伊國屋書店の創業者である田辺茂一《たなべもいち》(一九〇五〜八一)が務めた。出席者のうち窪川と戸坂はマルクス主義陣営からの参加と見なしてよく、このことからも三木の視線がマルクス主義者および、そこからの転向者に向けられていたことが推測できる。

座談会全体からは、能動精神の行きつく先がプロレタリアート階級の擁護なのか、それともファシズムなのかが盛んに論じられているという印象を受ける。焦点が定まっている議論とは言えないが、それでもおぼろげながら感じられるのは、能動精神を一般的な議題として設定したうえで、そのなかにマルクス主義を取り込もうとしている三木の姿勢である。これに対して戸坂をはじめとするマルクス主義者は、能動精神の理論上の正当性を真摯《しんし》に問うことはせず、もっぱら戦術論として、能動精神への加担が好ましいかどうかを思案しているように思える。

こうした互いを利用し合うような非マルクス主義者とマルクス主義者の結託は、最終的には昭和研究会に帰属する文化研究会において結実することとなる。

昭和研究会および文化研究会

昭和研究会とは政治家の近衛文麿《このえふみまろ》（一八九一～一九四五）のブレーンである後藤隆之助《ごとうりゅうのすけ》（一八八八～一九八四）が個人的に設立した事務所が基になって一九三三年に発足した、国策研究機関である。一九三七年に第一次近衛内閣が成立してからは、若手を中心とした組織編成が進められた。まずは世界政策研究会が設立され、それから政治部門、経済部門、世界部門、文化部門に属する専門研究会が設立された。

ゾルゲ事件に連座することになるジャーナリストの尾崎秀美《おざきほつみ》（一九〇一～四四）は世界部門の支那問題研究会に属したが、これらの部門を貫く文化的バックボーンを得ようとする声が世界政策研究会内で高まった。そこで講師として呼ばれたのが三木であり、そしてその講演の演題こそが、先に触れた「支那事変の世界史的意義」に他ならない。

「東亜協同体論」の中身

ここでようやく三木清とアジアが接点をもつことになるが、この講演が「東亜協同体論」の骨格を形成することになった。かいつまんで要約すれば、「支那事変の世界史的意義」における三木の主旨は、大まかに言って二点ある。

一つは「支那事変」、現在で言うところの日中戦争が勃発してから、東洋の統一が世界史上はじめて問題になった点である。戦争の進捗状況次第で統一のイニシアチブを握るのが日本か中国かは流動的であり、それゆえ今後の展開を考えれば日本文化を中国に押しつけるのは好ましくないというのが、三木の見立てである。もう一つは東洋の統一は東洋だけの問題ではなく、西洋とは無関係ではあり得ないから、これまで進展しつつあった中国の近代化の動きを日本が阻止すべきではないという点である。のみならず中国内の改革に連動して日本国内の改革も推進すべきであり、それどころか日中の改革は表裏一体のものとして捉えなければならないという提言がなされている。

この三木の講演は研究会内で好評を博し、さっそく三木を中心として文化研究会が昭和研究会内で立ち上げられることとなった。そのメンバーは経済学者の加田哲二《かだてつじ》（一八九五～一九六四）、技術史家の三枝博音《さいぐさひろと》（一八九二～一九六三）、社会学者の清水幾太郎《しみずいくたろう》（一九〇七～八八）、フランス文学者の中島健蔵《なかじまけんぞう》（一九〇三～七九）、科学史家の菅井準一《すがいじゅんいち》（一九〇二～八二）、仏教学者の福井康順《ふくいこうじゅん》（一八九八～一九九一）、および三木と親しい哲学者の船山信一であり、やや遅れて政治学者の佐々弘雄《さっさひろお》（一八九七～四八）、ジャーナリストで後に朝日新聞の主筆となる笠信太郎《りゅうしんたろう》（一九〇〇～六七）、政治学者の矢部貞治《やべていじ》（一九〇二～六七）らが加わった。このうち三枝、船山が明らかにマルクス主義およびその転向者と接点を有することに注意したい。このように文化研究会には、三木の主導した能動的精神の継承が認められた。

その後は文化研究会が主体となって『新日本の思想原理』『協同主義の哲学的基礎』『協同主義の経済倫理』が矢継ぎ早に刊行され、後述する「東亜協同体論」の基礎づけを果たすこととなった。

アジアの文化に対する三木の無関心

次に昭和研究会が展開する前後の政治状況を述べておこう。すでに述べたように、昭和研究会が発足したのは第一次近衛内閣成立以前だったが、内閣が発足して間もなく日中戦争が勃発し、戦局が長期化するなかで翌年「国民政府を対手《あいて》とせず」の文言で知られる第一次近衛声明が発表された。この声明が中国側であまりに不人気だったため、今度は日中戦争の目的は国民政府の打倒ではなく「東亜新秩序建設」だと弁明する第二次近衛声明が発表された。

これは三木を中心にした文化研究会の議論を下敷きにして、日中戦争は侵略戦争ではなく、日中が提携して新たな社会秩序を建設することが目的だとする弁明だった。これに呼応して昭和研究会立ち上げ当初からの主要メンバーであった政治学者の蠟山政道（一八九五～一九八〇）が、「東亜協同体の理論」を発表したことにより、アジアに関連する三木の議論は「東亜協同体論」と呼ばれるようになった。

周知のように第一次近衛声明により対話を拒絶した国民政府は、第二次声明発表後も態度を硬化させたままだったので、次に論じる高山岩男の『世界史の哲学』（一九四二年）が太平洋戦争を正当化したとされるのに対して、東亜協同体論も日中戦争を合理化するイデオロギーと受け取られるようになった。

なるほど三木は「東亜協同体論」を隠れ蓑にしてマルクス主義者およびそこからの転向者を保護するという意味での抵抗を試みていたのだから、高山ら「世界史的立場」の主導者から三木を区別しようとする論者もいる。だが、それよりも重要なのは、「支那事変の世界史的意義」をはじめとする一連の論考のなかで、三木がアジアの文化に対する興味をまったく示していないことである。

「民族の哲学」における三木と高坂正顕

例えば「民族の哲学」をテーマにした三木と「京大四天王」の一人である高坂正顕の対談（『文藝』一二月号、一九四一年）の次のようなやりとりを見ておきたい。

三木　ある民族は栄え、或る民族が滅ぶというとき、そこにヘーゲルのいった世界史の審判というようなものが考えられないかね。
高坂　つまり、或る一つの民族が他の民族を媒介にして自分の大を成すのですよ。その際、媒介にあり手段になるものは皆文化的な意味をもつ。経済にしても何にしても。

高坂正顕

三木　他の民族を媒介するというのは、その民族を滅ぼして？
高坂　そうではない。それは旧い形の観方だと思う。
三木　少くとも今まではそういう形をとって来た。
高坂　それはイギリスが植民地政策的にやって来た仕方なんで、そのやり方は却って今或る行き詰りに面している。植民地政策式のやり方でもって、他の国を利用するということは過去の形態だ。
三木　君の媒介というのは、民族ではなく文化の概念が中心にはなりはしないかね。
高坂　そこで新しい意味の民族概念が必要だと思う。
三木　そうして、君の考えでゆけば、東亜民族というような一つのものが出て来ると考えられないかね。

高坂　そのように考えるのは民族の否定だ。

この対談のおこなわれた一九四一年の時点で日中戦争は長期化し、当初の予想に反して日本が中国に勝利する公算は立たなくなっていた。だが、いずれが勝つにせよ、戦争後の東アジアの地図をどう見るかで双方の見解が大きく分かれていたことが分かる。

まずは三木だが、第二次近衛声明で謳《うた》われた日中の連携をさらに推進し、日本人と中国人が積極的に混血をおこなうことで、新たに「東亜民族」を産み出すべきだと主張する。この主張を正当化する道具立てがヘーゲルの『歴史哲学講義』における、キリスト教の「最後の審判」を連想させる「世界史の審判」だが、これに比して高坂は、さすがに日中戦争は侵略的ではないとまでは言わないが、日本人と中国人の双方がこれまで培ってきた歴史的・文化的伝統を尊重すべきだと主張する。

このように捉えれば、戦時下の知識人の抵抗の鑑《かがみ》のように見られてきたヒューマニスト・三木清のイメージは一変し、これまで太平洋戦争のイデオローグとして見られてきた京大四天王の高坂の方がまだリベラルではないかとすら見られるだろう。後述するように、京大四天王のアジアに対する意識にもそれなりの問題はあるが、それは三木の無関心よりはかなり手の込んだ仕掛けになっている。四天王、とりわけ鈴木成高のアジアに対する意識についてはエピローグで詳しく取り上げたい。

けれどもこうして時局に協力した三木も、その最期はあっけないものだった。治安維持法違反の被疑者をかくまったかどで検事拘留処分を受け、刑務所内で疥癬《かいせん》にかかり、終戦から約一ヵ月後に死亡した。三木の周囲についてはコラム3で取り上げることとし、いよいよ「世界史的立場と日本」と「近代の超克」という二つの座談会に触れることにしよう。

3　二つの座談会——「世界史的立場と日本」と「近代の超克」

座談会「世界史的立場と日本」と高山

本章のここまでの記述だけを見てくれれば、西谷啓治や高山岩男は二人の師匠である西田や田辺ほどではないにしても、それなりに独自の思想体系を構築していると受け取られるだろう。それゆえ二人を含めた京大四天王たちの真摯な思索が、戦後になってほとんど継承されていないことをいぶかしく思われるのではないだろうか。

京大四天王、あるいは狭い意味での京都学派の評判がよくないのは、彼らが太平洋戦争直前に「世界史的立場と日本」と銘打った座談会を開催し、そこでの四人の発言が戦争を正当化するものと見なされたこと、また彼らのうち西谷と鈴木が太平洋戦争直後に座談会「近代の超克」にも参加したからである。

けれども何度か繰り返しているように、時局に便乗した発言をした知識人や文化人は京都学派の哲学者たちだけではなく、一見すると時局に抵抗したかに思われた三木清をはじめとする左派知識人の多くも含まれていたのだから、戦争責任を京都学派だけに押しつけるのは適当ではない。

それよりも重要なのは、「世界史的立場と日本」と「近代の超克」という二つの座談会を通じて、実質的には欧米を基軸としたインターナショナリズム（現在の言い方であればグローバリズム）に対抗してナショナリズム（「イスラム国」を念頭に入れてエスノセントリズム＝自文化中心主義と言い換えてもいい）を言い立てても、すでに世界的な市場に巻き込まれているがゆえに、ナショナリズムを主張し続けることは原理的に不可能であるというアポリアを、京都学派の構想する歴史哲学が身をもって示したということである。京都学派の戦争責任を言い立てるのではなく、より建設的な議論を求めて京大四天王たちの足跡をたどることにしよう。

話は京大四天王の掲げる歴史哲学はいかなるものだったのかに移るが、ここでも主導的な役割を果たしたのが高山岩男である。というよりも、高山の戦前の主著『世界史の哲学』（一九四二年）が座談会「世界史的立場と日本」の方向性を決定づけたと言って構わない。まずは『世界史の哲学』刊行にいたるまでの経緯を見ておこう。

『哲学的人間学』から『文化類型学』へ――『世界史の哲学』の準備段階

経歴の紹介でも触れたように高山の専門はヘーゲルだが、現代哲学の動向にも造詣が深く、とりわけカッシーラーの『象徴形式の哲学』（一九二三～二九年）から大きな影響を受けた。こうして書かれたのが『哲学的人間学』（一九三八年）であり、この書が『世界史の哲学』の理論的根拠を提示する。

『哲学的人間学』において高山は、従来の哲学が理性一辺倒であることを反省し、一九世紀末から二〇世紀初頭において優勢になってきた生の哲学や人間学の成果を取り入れて「精神の現象学」ならぬ「人間の現象学」を構築することを宣言する。そして人間を貫く「生」と「作」と「成」という三つの根源現象がそれぞれ、生命と労働と文化に対応するとし、最後の「成」を問題にするのが『文化類型学』だとされる。ここで注意しておきたいのは、西谷とは違って高山には労働のような具体的な社会生活への関心があること、また人間の文化的生活の土台として経済や自然環境を重視する点で、後述する上山春平に共通するものがあることである。

「人間の現象学」という言い方にはヘーゲルの論理学のような抽象的な議論よりも生身の人間の真実を突き止めたいという高山の本音が見え隠れしているが、『文化類型学』における文化の諸形態も、ヘーゲルの『歴史哲学講義』のようにオリエント世界→地中海世界→ゲルマン世界というような序列化された展開があるとは考えず、日本文化・中国文化・インド文化・ギリシア文化・ローマ文化が同列に扱われる。『文化類型学』の目次を見れば、インド文化は仏教文化との関連で扱われ、中国文化には独立した章が与えられてその内容が具体的に論じられている。

ここで高山は、文化研究をする際には必ず比較研究をしなければならないことを強調する。つまり民族は複数存在するゆえに、民族精神もまた複数存在するという「歴史的事実」をしっかり受け止めたうえで、民族同士の交渉し合うところに「歴史的世界」が成立すると言う。すなわちヘーゲルが歴史的展開において示したような文化の序列化は存在せず、対等の民族同士の衝突から「歴史的世界」が生まれるというのである。こうした歴史的世界の理解に立ったうえで『世界史の哲学』における「普遍的世界史」と「特殊的世界史」の区別が論じられていることに注意しなければならない。

『世界史の哲学』刊行までのプロセス

まずは『世界史の哲学』が刊行されるまでのプロセスを見ておこう。『世界史の哲学』は、「世界史の理念」「人種、民族、国民と歴史的世界」「歴史の地理性と地理の歴史性」「歴史的時間の諸相」「歴史的世界の構造」「歴史主義の問題と世界史」の順に一九四〇年から四二年にかけて高山が雑誌に発表した論文と、書き下ろしの「世界史の系譜と現代世界史」を併せて出版されたものである。

実は高山は、「世界史の理念」の発表直後に鈴木成高と激しい論争をおこなっている。座談会「世界史的立場と日本」でも両者の議論は火花を散らしていて、そうした議論が一段落した後になって「世界史の系譜と現代世界史」が発表されている。

普遍的世界史と特殊的世界史の区別

まずは「世界史の理念」から見ておこう。高山は当時のアジアの台頭を「ヨーロッパ世界に対して非ヨーロッパ世界が独立しようとする趨勢《すうせい》」と理解する。それまでアジアはヨーロッパ世界に内属させられていた感があったが、今やアジアは日本を先頭にしてこうした内属化から脱却し、それとともに世界の唯一の基準と見なされてきたヨーロッパ世界が、数ある近代的世界の一つに過ぎなかったことが明らかになったというのである。ここには『文化類型学』で高山が強調していた、それぞれの民族文化は対等だという認識が裏打ちされている。

それゆえ高山は、従来のヘーゲルやマルクスの主張する「世界一元論」に代わる歴史観を提示すべきだと言う。それが、特殊的世界史を包含した歴史的世界の多元性である。先ほどのヘーゲルの『歴史哲学講義』の話と重なるが、従来の歴史的説明によればチグリス・ユーフラテス流域に代表される東洋の文明は、ことごとく「世界史の前史」とされている。だが、高山は東洋には東洋独自の世界史があると言い、地球上に多くの世界史と多くの歴史的世界を認めねばならないと強調する。

そのうえで高山は「特殊的世界史」と「普遍的世界史」を区別する。「特殊的世界史」とは「民族と民族の連関から構成される世界」の歴史である。他の民族との関連で捉えられるという意味においては、西洋史も「特殊的世界史」に属する。これに対して「普遍的世界史」とは、「特殊的な世界」と現代になって生じた「世界とを構成員とする世界」の歴史である。

文化相対主義の萌芽

こうして見ると『世界史の哲学』の導入部をなす「世界史の理念」の段階での高山

は、前著の『文化類型学』の文化相対主義的な視点を踏襲し、西洋一辺倒になりがちな歴史理論の見直しを迫っていると思われる。ここにはまだ日本の植民地支配を正当化するような論理は見出せないし、周辺アジア諸国に対する無視や蔑視の感情も見られない。それどころか「世界史の理念」は、現在流行している多文化共生論の先駆けとすら読むことができる。

もちろんこうした「世界史の理念」の論点が、西洋を軸にして歴史を考える西洋史家にとって必ずしも好ましいものでないことは、火を見るより明らかである。実際に「世界史の理念」を真っ向から批判したのが、京大四天王に属するものの、西洋史を専門とする鈴木成高である。

鈴木成高からの異論

鈴木はまず『歴史的国家の理念』(一九四一年)所収の「世界史と大英帝国」のなかで、イギリスが世界の四分の一をも占める植民地支配を通じて、ヨーロッパという枠組みを超えた世界史的段階に入ったことを力説する。この見方を日本に適用するかたちで鈴木は高山の「世界史の理念」を厳しく批判する。なおこの議論の進め方には、上山春平に大きな影響を与えた生態学者の梅棹忠夫《うめさおただお》(一九二〇〜二〇一〇)の『文明の生態史観』(一九六七年)

を髣髴《ほうふつ》させるものがある。その詳細は第四章で論じることとする。

具体的に言えば、鈴木は前掲書所収の「現代の転換性と世界史の問題」において、従来のヨーロッパ的世界史が真の意味での世界史ではなかったとする高山の時代診断を批判するのみならず、高山が前提とする「特殊的世界史」と「普遍的世界史」の区別すら受け入れられないと述べる。なぜなら、高山が「特殊的世界史」の事例として言及する非ヨーロッパ社会の歴史の多くは、鈴木の眼からすれば「普遍的世界の圏外」に属するものであって、それらの社会の文化程度がどれだけ高くても、最終的には世界史の展開に寄与するものではないと見なされるからである。それゆえ鈴木は、高山が言及する非ヨーロッパ社会の歴史は「文化類型学的」に過ぎないと断罪し、間接的にヨーロッパ中心主義的な世界史観を擁護する。

鈴木成高

こうした鈴木の批判に対して高山は論文「世界史の種々の理念——鈴木成高氏の批評に答う」(一九四一年)において、「特殊的世界史」が「普遍的世界史」につながる道筋については「世界史の理念」の次に発表された「人種、民族、国民と歴史的世界」を参照してもらいたいと反論する一方、鈴木の所論に歩み寄る姿勢も見せる。「世界史の理念」の発表の時点では、一九四〇年代を含めた二〇世紀前半が世界史の成立の時期だと診断したのに対し、この論文では、ヨーロッパ世界が膨張し始めた一九世紀が世界史の始まりだとして、成立の時期を早めるのである。

こうした自説の修正は、アジア社会の台頭によりヨーロッパ社会だけが世界史の主役ではなくなったとした当初の高山の判断が、ヨーロッパ中心主義的なものへと後退したと判断できるだろう。他方でこうした高山の歴史に対する関心は、エピローグで柄谷行人との関連で触れる、アメリカの社会学者のウォーラーステイン（一九三〇〜）の提唱する近代世界システムの議論と重なる点で大いに注目されよう。いずれにせよ鈴木は、高山の議論の変調に大いに気をよくして、座談会「世界史的立場と日本」に臨んだ。

モラリッシェ・エネルギーへの転落

ここで、これまですでに何度も言及してきた「世界史的立場と日本」について、改めて説明しておこう。西谷啓治、高坂正顕、高山岩男、鈴木成高からなるいわゆる京大四天王は、太平洋戦争前後に『中央公論』の誌上で時局に関連する座談会を都合三回おこなった。これらの座談会は一九四三年に『世界史的立場と日本』と銘打たれ、単行本として刊行された。この書名は座談会の最初のテーマに由来している。哲学的に見るべきものがあるのは最初の座談会のみであり、後の二回は時局についての個人的感想の吐露の域を出ていない。残念なことに、この書は一部の遺族の反対により復刻されていない。

それではその座談会「世界史的立場と日本」における鈴木成高と高山岩男のやりとりを見ておこう。例によって鈴木はヨーロッパ文化の優位性を強調し、高山はその意見に反発するものの、鈴木の強い語調に押し切られる。

鈴木　ヨーロッパの文化というものが普遍妥当性をもった文化だった。その文化によってヨーロッパの優位性というものが支えられて、そこにヨーロッパ的世界秩序ができていた。だからヨーロッパ外の世界の擡頭ということも、やはり普遍妥当性をもった文化というものに支えられて現れてこなければ嘘だと思う〔後略〕。

高山　文化もそうだが、どうしてこういう事情が生じてきたかという原因として、ヨーロッパ文化の拡張の基礎に

『世界史的立場と日本』

なっている資本主義というものを問題にする必要がないかな。ヨーロッパの優越性の意識の根源が、直接に文化にあるというよりも、実は経済的技術的な、またそれに基いた政治的な支配性にあったというような……

鈴木　いや、それは根本は文化だと僕は思う。

ここでも高山は鈴木の議論に負かされているが、日本に近代があるかということに話がおよぶと、高山は突然、長広舌を振るう。

高山　僕はいつでも考えるんだが、日本には近代が二つあると思う。これは一つの新説なんで批評して貰いたいところなんだが。二つの近代というのは明治維新前の近代と明治維新後の近代だ。日本の近世というものはヨーロッパの近世と大体同じ時期に始まっている。ヨーロッパ人が海外に膨張したとき、日本人も海外膨張をやった。そういう海外膨張の行われた根拠には、個人意識の発展もあるし、商業の発達もある。だから、もし鎖国というものをやらなかったら、近代日本の発展というものは全く別だったかも知れない。ところが鎖国を受けたため、江戸時代の近代精神はヨーロッパとは非常に違った径路をとって、随分性格の違ったものになるようになった。〔中略〕こういう具合にして封建的な性格を帯びた近代精神というものができたと思う。〔中略〕こういう意味で江戸時代は立派に近代性をもっている。この近代精神が維新後ヨーロッパの近代精神と連続して、寧《むし》ろヨーロッパ風に転身して、明治以後の日本を造り上げたんだ。

日本の近世を評価する態度はすでに『文化類型学』でも示唆されていたが、ここで高山は、その日本の近世の革新性を維新とは別のもう一つの近代と捉え直すことで、ヨーロッパ中心的な近代観を主張する鈴木に一定の配慮を示している。

日本には近代が二つあるという高山の説に鈴木は賛意を示したうえで、このことが東洋における日本の優位を示すと言う。この論点はある意味で梅棹の『文明の生態史観』を先取りするものとして注意したい。

鈴木 高山君の日本に近世が二つあるというのは大体に於て賛成だ、大体として。〔中略〕東洋には古代がある、その古代は非常に立派な古代である、しかし如何に古代が立派であっても、程度の高い古代であっても、それは近代ではないんだ。だから東洋には非常に立派な古代があって、高さにおいてヨーロッパと決して劣らない、寧ろそれ以上のものがあるんだが、しかし東洋は近代というものをもたない。ところが日本は近代をもった、そしてこの日本が近代をもったということが、東亜に新しい時代を喚び起す、それが非常に世界史的なことだ〔後略〕。

『歴史的国家の理念』所収の「現代の転換性と世界史の問題」で述べられていた、非ヨーロッパ社会の文化程度がどれだけ高くても、最終的には世界史の展開に寄与するものではないとする見方が、ここでは東洋の規定に適用されている。ここで想定されている「東洋」とは、おおむね中国のことだろう。なぜなら、この鈴木の発言の前に高坂正顕が中国人の論理には「対応の関係があり、配当の関係があるだけで、どうも発展とか演繹の関係は乏しい」と批判しているからである。

先の高山の発言は、とりあえずは彼の文化類型学的見地に基づいて、日本の特徴を述べるにとどまり、中国との関係を意識したものではなかったが、鈴木は彼の発言を、東洋における、あるいは中国に対する優位の証左と捉える。そして全体の議論は次第に日本における二つの近代が区別されないまま、日本は近代的で中国は近代的ではないという方向に向かってゆく。

こうした議論のなかで高山は、文化多元主義の先駆けとして評価されるべき「特殊的世界史」と「普遍的世界史」の区別を放棄して、鈴木が専門とする歴史家ランケ（一七九五～一八八六）の言うところのモラリッシェ・エネルギーの強弱で、地域文化の優劣を決定するという貧困な世界史観に転落してしまう。次に挙げる高山の発言は、鈴木の所論に対する全面的な屈服と読める。

高山　フランス敗れたりといわれる場合に、フランス敗戦の根本原因となったものは何か。ランケの言葉でいえばつまりモラリッシェ・エネルギー、道義的生命力の欠乏にあったと思う。政治と文化との間に隙や対立ができてきて、文化と政治がバラバラに分離した。文化も政治も共に健康な生命力を失った。即ち道義的な生命力を失ってしまった。それがフランスの敗戦の根本原因だと思う。〔中略〕何も今日に限らず、いつでも世界史を動かしてゆくものは道義的な生命力だ。こういう力が転換期の政治的原理になりはしないかと思う。モラリッシェ・エネルギー、健康な道義感、新鮮な生命力といったものを、もっともっと日本の青年達はもって欲しいように思う。

ここまで見ると、鈴木成高の異論を受けての高山岩男の変説は、せっかく獲得しかかった文化相対主義の視点を自ら放棄した点で否定的に評価されなければならない。『世界史の哲学』に収録された最新の論文「世界史の系譜と現代世界史」にいたっては、あれだけ批判してきたヘーゲルの『歴史哲学講義』のロジックにのっとり、世界史の中心がゲルマン世界から日本に移されたかのような論述になっている。これについての詳細な批判は広松渉に任せることにして（広松自身の事情についてはコラム4を参照）、そろそろもう一つの重要な座談会である「近代の超克」に話を移したい。

座談会「近代の超克」について

座談会「近代の超克」は、「世界史的立場と日本」の後に雑誌『文学界』一九四二年一〇月号に掲載された企画である。「超克」とはあまり聞き慣れない語だが、阿部次郎がニーチェの主著『ツァラトゥストラはこう言った』を翻訳する際に用いた造語である。この訳語とやはりニーチェに造詣の深い生田長江《いくたちょうこう》（一八八二～一九三六）の『超近代派宣言』（一九二五年）が結びついて、「近代の超克」というテーマが導かれたと推測される。

同年の『文学界』九月号には西谷啓治、作曲家の諸井三郎《もろいさぶろう》（一九〇三～七七）、映画評論家の津村秀夫《つむらひでお》（一九〇七〜八五）、宗教哲学者の吉満義彦《よしみつよしひこ》（一九〇四〜四五）の論文が、一〇月号には亀井勝一郎、林房雄、詩人の三好達治《みよしたつじ》（一九〇〇〜六四）、鈴木成高、文芸評論家の中村光夫《なかむらみつお》（一九一一〜八八）の論文と、これら論文の筆者および、文芸評論家の小林秀雄と河上徹太郎、さらに後述する二名を加えた座談会の記録が掲載された。特筆すべきは日本浪曼派の代表者である保田与重郎で、座談会への出席をいったん引き受けたが、途中で都合が悪くなって欠席したと報告されている。出席者のうち亀井と林が社会主義からの転向組だが、他方で中国文学者の竹内好《たけうちよしみ》（一九一〇〜七七）により、小林・河上・林が文学界グループに分類されていることにも注意したい。

幸いなことに「世界史的立場と日本」とは異なり、座談会記事の最終版は冨山房百科文庫で読むことができる。この企画が単行本化される際には大きな変更が施されたが、これについては後述することとし、まずは「近代の超克」に寄稿した鈴木の論文の検討から始めよう。

「近代の超克」における鈴木成高

「『近代の超克』覚書」において鈴木は「政治においてはデモクラシーの超克であり、経済においては資本主義の超克であり、思想においては自由主義の超克である」と高らかに宣言する。この言い方から共産主義社会を連想する読者がいるかもしれないが、鈴木は超克された先の社会については明言せず、超克されるべき近代は一九世紀のヨーロッパに限定されるのか、それともルネサンス以来の広義の近代なのかという問いを投げかける。

こうした問題提起をして、鈴木は議論の主導権を握るべく座談会の本番に臨むわけだが、まず確認しなければならないのは、この座談会が一九四二年七月二三・二四日の二日間にわたり延べ八時間おこなわれたということである。二日がかりの座談会というのは類例が少なく、議論に費やされた時間も相当なもので、この事実からだけでもこの企画に対する参加者の熱意のほどが伝わってくる。

第一日目の議論を考察する際に重要なのは、冒頭における司会者の発言である。先述のようにシェストフ『悲劇の哲学』の訳者として知られている河上徹太郎が司会者の立場として、まず西洋の近代が問題になる旨の話をする。

河上　この座談会の進行は、最初にどうしても西洋の「近代」というものが問題になると思うのです。それから、その影響の下にある日本という所へ結びついて来る。そこから日本本来の姿——本来といっても、必ずしも古いという意味じゃない。現代の日本の姿、そういう所に導いて行かれる。この三つの段階が「近代」に通ずる一番主なる骨になることだと思います。〔中略〕西洋的「近代」に於ける思想とは何ぞや、これは主として西谷さんが書いていらっしゃる。それから西洋的「近代」に於ける科学とは何ぞや、〔中略〕これは菊池〔正士〕さんや下村〔寅太郎〕さんの問題だろうと思う。それから西洋的「近代」に於ける音楽、これは諸井さん。それから西洋的「近代」に於ける文学、これは吾々文学の方の小林君、中村君、僕、亀井君あたりが引受けると思います。

こう述べたうえで河上は、西洋の近代を考える上でルネサンスのもつ意味合いを、これらの文化的ジャンルの議論とは別個に論じるべきだと主張する。

河上　それから西洋的「近代」の根源としまして、結局論じなくてはならないのは、ルネサンスとは何かということだと思うけれども、ルネサンスから西洋的「近代」が起ったことは間違いないと思いますが、このルネサンスというものが、いつまで続く——といっては変な言い方ですが、どの辺までルネサンスの延長と考えるか、十八世紀の終りか、十九世紀の終りか、或は二十世紀に及んで居るか、こういったことは、西谷さんや鈴木さんに論じて貰いたいと思います。

河上のこの提案は、明らかに鈴木の「『近代の超克』覚書」の意見を踏まえたものと考えられる。その証拠に河上は、先に引用した趣旨説明の直後に次のような質問を鈴木に投げかけている。

河上　吾々はヨーロッパ文明に依って教育されて来たので、それが一番飛びつきよい問題じゃないかと思いますけれども、一体鈴木さん、ルネサンスというのはあなたの考えじゃ、どうなんですか。僕なんか何も知らないのですけれども、漠然と十八世紀はルネサンス的気運の一番頂上だと思うのですね。そして十九世紀はその後を享けて悪い意味の「近代」の錯乱を見せた時代であるというのですけれども、如何なものですか？

この問いに対する鈴木の答えはかなり歯切れの悪いものである。まず近代の始まりをフランス革命とする一般的な見方に一応同意したうえで、鈴木は「精神の変革」の側面を考えるには近代の起源をもう少し遡らなければならないと主張する。

鈴木　世界の秩序の外形を変革するということが差逼《さしせま》った当面の問題になって居るわけですけれども、併しそういう外面的な秩序や体制の変革だけではなしに、もう一ついわば内面的な秩序の変革、精神の変革ということを考える必要がありはしないか、そういったものも考えられて来なければならないだろうと思います。〔中略〕そういう場合になって来ると、普通狭義にフランス革命以後を「近代」と考えて居る場合よりも、もう少し遡って行かなければならない。つまりフランス革命以後の十九世紀というものはまことに典型的な「近代」であるけれども、然しそれは要するにそれまでの「近代」が一層発展した形のものであって、来るべきところへ当然来たものにすぎないということであるとすれば、そのよって来る根源をもっと深く遡って行かなければならないという問題になって来るわけです。そういうものを遡って行きますと、やはりルネサンスと宗教改革、そういう問題に行当って来るというのが、大体普通の人が考えるオリエンテーションだろうと思う。

ここで注意しておきたいのは、河上がルネサンスに限定した質問をしているのに対し、鈴木がルネサンスに加えて、宗教改革の問題も含めた問題設定にすべきだと要求していることである。このことは「『近代の超克』覚書」においても主張しているので、鈴木自身にとっては目新しい要求ではないが、以下のように自らルネサンスの問題を拡散させる言明をすると、河上からの質問に対して鈴木がはっきりとした答えを出すつもりがないようにすら見える。

鈴木　歴史家の間で学問上のルネサンスを考えます場合には、学問上の理由からそこにいろいろの問題が入ってきて仲々難かしくなる。殊に西洋の学会では最近十数年来だいぶん議論があるようです。例えばルネサンスとは如何《どう》いうことであるかということについても、ルネサンスは古代の復活であるといわれたり、或はルネサンスは人間と自然の発見であるとか、自我の発見であるとか、或は中世の神中心主義に対して、人間中心主義の把握であるとか、いう風に言われて居るわけですが、併し歴史学の内部では、そういう概念的な規定だけでは困る点が起って来て、そこから沢山の学問的問題が起って来るのです。

鈴木が問題をこれ以上錯綜させると議論が前に進まないと感じた河上は、鈴木個人のルネサンス観を披露するよう迫るが、これに対する鈴木の答えは、自分の専門の立場からの弁明的なものに終始している。

鈴木　私自身は実はルネサンスの研究をやって居るわけじゃありませんけれども、中世を専門にやって居りますので、その点から自分の考えというものが多少傾いて出て来るかも知れませんけれども、大体今までのルネサンス観というものは、ルネサンスを近代化しすぎている、或はルネサンスと中世とを余りに対立的に考えすぎていたのではないかと思うのです。ルネサンスは中世の否定であると同時に中世に負うところが非常にある。そういう点を歴史学の方で調整して従来のルネサンス観を修正してゆくという傾向は確かにありますね。

このように鈴木の自らの専門分野に引き込むような発言を受けて河上は、これ以上ルネサンスを近代と結びつける議論は展開できないと見切りをつけ、鈴木に「つまりルネサンスは中世の結論になるわけですか」と問い、これに鈴木が「結論といっても困るのですが、簡単に言えば、斯《こ》う言って宜《よ》いだろうと思いますね」と応じる。その後ルネサンスに関わる議論は、カトリックの神学者である吉満義彦の話を受けて中世と古代との関連に関わるものに終始し、超克すべき近代とのコンテクストには置かれなくなる。こうして鈴木は、ルネサンスの両義性から近代の超克を考えるという、当初、想定していた議論の展開の芽を自ら摘んでしまうのである。

その後、座談会はもっぱら日本にとって近代とは何かの議論に終始し、最後は林房雄が問いかけた「真剣に近代というものを通って来たか」という問題意識が座談会の参加者に共有されるかたちで終わる。言うなれば「近代の超克」は、見かけ上の勇ましさとは裏腹に、日本の後進性を確認するかたちに終始したわけである。他方で座談会で鈴木が示したルネサンスの二重性格についての認識が、戦後に発表した原子力時代の規定に大きく関わっていることにも注意を促したい。この問題については、エピローグで取り上げる。

座談会をリードする小林秀雄

明らかに鈴木成高は、座談会「世界史的立場と日本」で議論をリードした余勢を駆って、座談会「近代の超克」でも活発な発言をしようとしたのだが、主導権を握ったのは小林秀雄だった。少し長くなるが、座談会の雰囲気を知るうえで重要な第二日目の小林の発言を見ておこう。

小林　明治以来西洋文明は、文明開化主義の上で受け入れられて来たと言われるが、明治以来文学者が文明開化主義を奉じて来たわけではない。然《しか》し、明治以来の日本の文学が西洋の近代の文学というものを離して絶対に考えられない、その非常に強い影響の裡に育って来たという事は明らかな事である。ところが今、ここで問題になる様な事、即ち、どういう形で僕等は西洋文学の影響を受けて来たかという反省は、ごく近頃起った事です。極端に言うと、明治以来の日本文学史は、西洋の近代文学というものの誤解史だという反省、皆んな誤解して、自分の勝手な養分を食べ育つに忙がしかったが、本当の西洋の近代の思想というもの、或は近代の文学というようなもののある儘《まま》の相とはどういうものか、それを見極めようとする精神が現れて来たのはつい近頃の事かと思う。そういう、地道で健全な反省なり研究なりが漸く緒についた時に、政治的危機が到来した。そこでなんとか日本的原理というものを発見しなければならん——というようなことになって来たということは、随分むつかしい点だと思うのです。その難かしさが、こういう座談会を開かせたのではないか、と言って了えばそれまでだが。僕は、西洋の近代文学者の中で、一番問題に豊富な大きな作家を見付けて、それを徹底的に調べることの必要を考えドストエフスキイを見付けたのです。少ししらべて行くと、実に誤解に誤解を重ねられて来た作家だという事が、直ぐわかって来る。ドストエフスキイもトルストイもあんなに騒がれて来たが、どうして日本人はあんなに勝手気儘《きまま》に曲解しなければならなかったのか不思議な気がして来る。僕は、日本人らしいドストエフスキイ観を持ちたいなどという考えは少しもなかった。今もない。いかにも日本の近代文学者流に曲解された彼の姿を正しい姿に返らそうと努力しているだけです。あの人が社会革命からロシヤの国民、ロシヤの神を発見する経路というものをだんだん調べて行くと、いろいろの事を僕は学ぶが、その中で今、さしあたり問題となるものを一つ述べたい。これはちょっと吉満君も書いていましたけれど、ドストエフスキイという人は近代のロシヤの社会とか、十九世紀のロシヤの時代というものを表現した人じゃないのです。寧ろそういうものと戦って勝った人なのです。彼の作品はその戦勝報告書なのである。そういう事に気付き、僕らが文学をやり始めた頃に非常に流行していた実証主義科学主義の文学研究、――そういうものの欠陥が非常にはっきりして来たのです。文学は社会の表現だとか、時代の表現だとかいう、ああいう考え方の欠陥は何処にあるかというと、凡庸作家は知らんけれども、一流の作家という者は必ず彼の生きていた時代とか、社会とかの一般通念との戦いに勝った人だ。その勝った処を見ないという処にある。西洋の個人主義がいかんとか合理主義がいかんとか言うが、西洋の傑物はそういうものと戦って勝っているという事を見る方が大事な事じゃないか。個人主義時代には個人主義文学があるという浅薄な史観にちょろまかされているから、そんな事を騒ぎ立てるのだ。西洋の近代は悲劇です。だから立派な悲劇役者はいるのである。これをあわてて模倣した日本の近代は喜劇ですよ。立派な喜劇役者なんてものは、芝居にしか出て来ないからな。どういう社会的な或は歴史的な条件がある文学を成立させたかということを如何に調べても、それは大文学者が勝って捨てた滓《かす》、形骸を調べるに過ぎず、勝った精神というようなものを捉えることはできない。僕らは近代にいて近代の超克ということを言うのだけれど、どういう時代でも時代の一流の人物は皆なその時代を超克しようとする処に、生き甲斐を発見している事は、確かな事だと思える。

先ほど鈴木は「政治においてはデモクラシーの超克であり、経済においては資本主義の超克であり、思想においては自由主義の超克である」というスローガンを掲げたが、小林からすればこうした発言はヨーロッパの近代を十分に理解してからすべきであって、ヨーロッパの近代に格闘したドストエフスキーを誤解する程度の日本の文壇には、そういう発言をする資格がないとされるのである。こうした小林の仮借《かしゃく》ない批判は、京大四天王の代表者である西谷啓治にも向けられる。第1節で示唆したことだが、ここで西谷のある種の世俗的な側面が暴露される。

日本文化の造詣の浅さ

座談会「近代の超克」のなかで小林は、自分たちがこれまで吸収してきたヨーロッパの教養がおおむね近代以降に限定されていること、また日本ないし東洋についての古典の素養が欠けていることを訴えている。そうしたなかで小林は、日本文化に造詣が深いはずの西谷に次のような発言をさせている。

西谷　自分の経験で言いますと、西洋の小説を読んだ時は、僕は観念とか理論とかいうよりも、やはり生きた人間に触れるという感じがした。それも畢竟《ひっきょう》は青年的な感じ方かも知れませんが、兎《と》に角《かく》そういう感じだった。それに対して源氏物語でも何でもいいが、吾々が自分の写しを見るような、そういう人間を書いてない。反って外国文学が生々しい感じを与える。だから外国の小説を読み耽《ふけ》った時には、それが美しいとか美しくないとか、或は芸術的にどうとかいうことを考えて読んだのではなかった。何か自分の中にもやもやして居るような、そういうものに触れてくる。そこに外国の文学の魅力があったのじゃないかと思う。

小林　青年時代、観念というものを信じて、それに燃えて居る時は観念は生々しい。あなたの仰《おっ》しゃることは能《よ》く分《わか》る、その通りだと思う。併《しか》し、西洋の文学に飛びついたと言っても、それはみな西洋の近代の詩や小説に飛びついたので、ギリシヤ悲劇に飛びついたわけではない。だから要するに近代性の克服とは西洋近代性の克服が問題だ。

ここで理解の便を図るため、少し個人的な話をさせていただきたい。筆者が九州方面に勤務していた時分に、福岡市で開催されたイベントで京大卒のある高名な学者と話す機会があった。福岡市と言えばその周辺が邪馬台国《やまたいこく》の所在地だったかもしれない場所なので、日本文化に造詣が深いとされるその学者は、てっきり九州訪問を機に古代文化の原型を知る手がかりを得ようとしていると思っていた。けれども訪問の隠れた目的を筆者が尋ねると、博多ラーメンを食べることだと答えたので、筆者は驚くとともに大いに失望した。もちろんこの高名な学者の回答は一流のジョークとして受け止めるべきであって、筆者の反応は無粋極まりないかもしれないが、それだけにかえって京都学派のもつ「東洋的性格」の正体を図らずも暴露したとも捉えられる。

西谷啓治に限らず多くの京都学派の哲学者たちが想定している「日本文化」とは、おおむね応仁《おうにん》の乱以後に建てられた門跡寺院《もんぜきじいん》の育んだ一六世紀以降の文化に限定されている。京都府最古の木造建築が平安中期に建立された醍醐寺《だいごじ》五重塔だということは、大いに注目されるべき事実である。一六世紀以前に建立された寺社ならば、京都以外の日本の各地にいくらでもあるが、そうした津々浦々に展開した近世以前の日本文化に関心をもたずに、禅仏教を中心にした非常に狭い範囲の文化を「日本文化」と強弁する傾向が彼らには見られる。

他方で西谷の主張に引きつけて言い換えれば、京都学派の哲学者たちは地元の京都文化を西洋文化のコンテクストに引き寄せて解釈するのに性急なあまり、日本国内における京都文化の位置を相対化する視点に欠けている。日本文化の愛好者のすべてが平安王朝の貴族文化を好むとは限らず、例えば九鬼周造のように江戸の町民文化の「いき」に関心のある人たちも少なからずいると思えるのだが、そういうなかであえて源氏物語を取り上げ、しかもその源氏物語よりも西洋近代の小説に親しみを感じるという西谷の意見表明は、西洋近代を批判するほどの東洋的識見を有していないことを示すものとして、はなはだ興味深いものがある。

ここで射程を座談会「世界史的立場と日本」にまで広げれば、こうした日本文化の造詣の浅さは、目下のところ京都学派の「正統」と目される西谷のみに限定され、ここからやや外れた高山や鈴木はそれなりに日本文化を理解しようとしているようにも思える。だが、この二人の目指すところはむしろ新しい「世界史の哲学」の構築であって、日本文化はそのなかの一部をなすに過ぎないとされている。京大四天王の構想は今日的に見ていろいろと評価すべき点も多いと思われるが、それらについてはエピローグで触れることとする。

その後の「近代の超克」

いずれにせよ座談会「近代の超克」は、鈴木成高が思い描いていた展開にはならなかった。小林主導の議論の進み方に鈴木は大いに不満を感じ、『文学界』の企画を単行本化する段になって、当初は座談会のみに参加した哲学者の下村寅太郎《しもむらとらたろう》（一九〇二〜九五）、物理学者の菊池正士《きくちせいし》（一九〇二〜七四）の論文が掲載される一方で、鈴木の論文は鈴木自身の意向で削除されることになった。下村も京大卒だが、四天王のように壮大な歴史哲学を描き出すことはなく、自分の専門分野の枠内でルネッサンスについての識見を披露するのにとどまっている。こうして見ると、座談会「近代の超克」は、鈴木成高が前のめりになって同僚の西谷啓治とともに議論をリードしようとしたものの、二人は小林秀雄にいなされ、同じく文学界同人である林房雄から近代を学び直すべきだと提言されることで、肩透かしを食らわされたと言えるだろう。

そうしたなかで異彩を放つのが、下村寅太郎の冷静な発言である。声高に西田哲学の重要性を唱えることはないが、だからと言ってこれを否認するわけではなく、西洋哲学の研究と西田哲学の調和を図ろうとする下村の研究手法は、三宅剛一とともに西田中間派と称される哲学者に独特のものである。この二人については第四章で詳しく述べることとし、この時代の西田幾多郎と田辺元の哲学の行方を見ておこう。

4　戦時中の西田と田辺

西田・田辺と戦争協力

このように西谷啓治と高山岩男をはじめとする京大四天王は、戦前および戦中の時局に深くコミットするようになったが、彼らの師匠である西田幾多郎と田辺元は、その時代にはどういう行動をとっていたのだろうか。すでに述べたように西田は一九二八年に、田辺は一九四五年に京大を定年退官しており、一九四五年夏の敗戦当時はいずれも公職に就いていなかった。それどころか西田は、敗戦を待たずに没している。二人が公職追放を免れたのは、まったくの偶然である。

なぜなら西田は、一九三八年に文部省教学局の依頼により「日本文化の問題」と銘打たれた講演をおこない、一九四〇年にこれを単行本に収めて刊行しているし、田辺も一九四三年におこなった講演「死生」のなかで、徴兵猶予が解除され出陣する文系の学徒を激励しているからである。問題になりそうな文章をそれぞれ抜き書きしてみる。

私は我日本民族の思想の根柢となったものは、歴史的世界の自己形成の原理であったと思う。東洋の一孤島に位し、何千年来、殆んど閉じられた社会として、独自の発展を成し来った日本民族には、日本と云《い》うものが即世界であった。日本精神は日本歴史の建設にあった。併し今日の日本はもはや東洋の一孤島の日本ではない、閉じられた社会ではない。世界の日本である、世界に面して建つ日本である。日本形成の原理は即ち世界形成の原理とならなければならない。此処に現今の大なる問題があると思う。最も戒むべきは、日本を主体化することでなければならないと考える。それは皇道の覇道化に過ぎない、それは皇道を帝国主義化することに外ならない。これまでは日本は即世界であった。皇道とは我々がそこからそこへという世界形成の原理であった。日本は北条氏の日本でもなく、足利氏の日本でもなかった。日本は一つの歴史的主体ではなかった。我々は我々の歴史的発展の底に、矛盾的自己同一的世界そのものの自己形成の原理を見出すことによって、世界に貢献しなければならない。それが皇道の発揮と云うことであり、八紘一宇《はっこういちう》の真の意義でなければならない。

「決死」ということは、実際に死ぬことが生の中に取入れられることである。将来何時かは死ぬという観念的な覚悟の場合は、決死とはいわない。決死ということは、もっと積極的に実践して、死が可能としてではなく、必然的に起ることを見抜いて、我々がなおそれをあえて為す時にいうのである。これは実際に生を死の中に投ずることであり、生きていながら死を観念的に考えることではない。自分が安全な生にいながら死の可能性を考えることではない。必ず死ぬことがわかっていて、死は逃れ得ぬことを知っていて、なお為すべきことを為す、実践すべきことを実践することと、我々の生を向うの死の中に投ずることである。それは覚悟という言葉で言い現わせない。よく似ているが本質的に異っている。

前者の西田の文章を注意深く読めば、「皇道」の「覇道化」とか「帝国主義化」を強く戒めていることから、意外にも西田が孫文《そんぶん》（一八六六〜一九二五）の講演「大アジア主義」（一九二四年）とかレーニン（一八七〇〜一九二四）の『帝国主義論』（一九一六年）とかいった社会評論的著作を読んだうえで発言していることに気づかされる。この点で当初は学生を善導する目的でマルクス主義を純粋に学術的に研究した田辺に比して、西田の政治的センスが光るのだが、いずれにせよ太平洋戦争のスローガンである「八紘一宇」や後日、神風特攻隊において注目される「決死」を話題にしている点で、両者の戦争責任は免れなかったと言えるだろう。西田にいたっては、「哲学論文集第四補遺」（一九四四年）のなかで、高山岩男や鈴木成高に由来する「歴史的世界」や「道徳的エネルギー」を用いて、彼らの提唱する世界史の哲学を事実上追認してさえいる。

他方で問題なのは、そうした時局を正当化するうえで、「矛盾的自己同一」とか、あるいは「死生」の別の個所で「神、国、人間の三者は三一的統一をなす」とする表現も目につく。これらの表現が西田と田辺の思索でどういう役割を果たしたかを見ておこう。

場所から行為的直観へ——西田哲学の転回・その三

まずは西田である。話は田辺の「西田先生の教を仰ぐ」までさかのぼる。ここまでの西田は高橋里美の批判を受けてその立場を純粋経験から「自覚」へ、そして「自覚」から「場所」へと転換させた。今度の田辺の批判を受けて西田がとった立場は「行為的直観」である。

第二章で論じたように、西田は「場所」論において命題論的な方向に転向した。再説すれば命題「AはBである」を「AはBにおいてある」というように言い換えた。今度はこの命題「AはBである」のなかの主語と述語を結合する「である」、専門的な用語を使えば繋辞《けいじ》（コプラ）の構造に西田は注目する。そして「自覚」の段階では「包むもの」と「包まれるもの」をそれぞれ述語と主語と見なしていた照合関係はそれほど顧みられなくなり、その代わりAとBが相互的な関係にあることが強調される。

ここから「行為的直観」の概念が誕生する。言うなれば「行為する主体」かと思えば「直観される客体」となり、あるいは「直観される客体」が「行為する主体」となるというような境地、主客が相互的に融和する境地が「行為的直観」であり、またこうした融和のありようが、「日本文化の問題」で言われ、また先に高山との関係でも触れた「絶対矛盾的自己同一」である。この局面での西田は命題論の構造に置かれるとAとBが矛盾する場合があることを重視しなくなり、むしろ「矛盾」と「同一」という相容れない語を一つの術語のうちに押し込めようとする。ここには、田辺とは別の流儀で弁証法を吸収しようとした西田の懸命な態度が読み取れる。

このように書くと、ではこの「行為的直観」が、西田の出発点となった「純粋経験」とはどのように違うのかと問い質したくなるところだが、基本的な構造は同一だと言っていいだろう。ただし「純粋経験」を論じた時点での西田は、あくまでも認識論的な立場で議論を展開していたのに対し、今度は「行為的直観」を論じることで、実践的な射程を手に入れたと捉えるべきだろう。

それゆえ「純粋経験」から「自覚」と「場所」を経て、最後は「行為的直観」にいたる西田の思索の歩みは、必ずしも田辺によって発出論呼ばわりされたことへの応答というかたちでなされたものではなく、むしろ自身の出発点だった「純粋経験」をいかに概念的に彫琢《ちょうたく》するかの悪戦苦闘だったと考えるべきだろう。

それゆえ田辺による発出論の理解を批判することで西田を擁護しようとした西谷啓治の試みも、当の西田にとってはある時点の自分の立場に固執した評価にとどまり、西田の立場の変遷を網羅的に追跡してのものとは言えなくなる。したがって京都学派の誰が西田を正当に理解したかを決めることはできなくなり、やはり西田自身の哲学の展開に即して考察するのが正道ではないかと思われる。

種の論理について

次は田辺元の「種の論理」である。あらかじめ断っておかねばならないのは、「種の論理」は第二章第3節で論じた「絶対的弁証法」よりも田辺哲学の核心をつく表現ではあるものの、これを総括的に論じた著書を田辺は一冊も刊行していないということである。さすがに「種の論理」を扱った論文はいくつか存在する。『哲学通論』の公刊前後に書かれた「図式『時間』から図式『世界』へ」（一九三二年）、「社会存在の論理」（一九三四〜三五年）、「種の論理と世界図式」（一九三五年）、「論理の社会存在論的構造」（一九三六年）の四篇が、これに該当する。けれども「種の論理に対する批評に答う」と「種の論理の意味を明にす」（いずれも一九三七年）と銘打った論文は、その題名とは裏腹に戦後の「懺悔道」に移行する際の過渡的思索と見なすべきなので、四つの論文を念頭に置いて種の論理の概要を説明していきたい。

種の論理とは、普遍者を意味する「類」と、個別者を意味する「個」のあいだに「種」という項を設けて、三者のあいだの弁証法的関係を考察するものである。アリストテレスによれば「個」が直接名指すことの可能な可視的事象であるのに対し、逆に直接に名指しできない不可視的な述語になるのが「類」とされ、「種」はあくまでも類における種差という副次的な位置づけにとどめられるが、田辺はそうした「種」に、むしろ「個」と「類」を媒介するという重要な任務を付した。

ここにはカントからハイデガーを経由した図式論の解釈の歴史が影を落としている。そもそも「図式」とは、カントが感性的直観とカテゴリー的把握という異種なるものを結びつけるために考案したものだった。ハイデガーは『カントと形而上学の問題』(一九二九年)で、これを自らの概念である「世界内存在」に結びつけることによって、そこにある種の空間的規定を持ち込んだ。田辺はこうしたハイデガーの着想から示唆を受けながら、ハイデガー的な図式論を自らが「絶対的弁証法」と称した論理構造に取り入れたわけである。

第二章で論じたように『哲学通論』では、実在性に抵触する「個人的人格」を弁証法に取り入れることによって、発出論に転落する恐れのある観念弁証法とも唯物弁証法とも異なる絶対的弁証法が提唱されていた。ここにきて田辺は、普遍者である「類」と個別者である「個」の双方を否定するという意味合いを、両者の中間である「種」に与えた。『哲学通論』に引きつけた言い方をすれば、かつて「個人的人格」に持たせていた実践的・否定的意味合いを、今度は「種」のものへと格上げしたのである。こうした議論は、正→反

→合で定式化されるヘーゲル弁証法の、田辺なりの改変とも見なすことができるだろう。

講演する田辺元（1942年5月）

「死生」との関係

この「種の論理」が、先ほど引用した「死生」にも貫かれている。仮に「個」＝人間、「種」＝国家、「類」＝神としてみよう。そうすると、「個」＝人間にとって「種」＝国家は、死を賭してそこに自らを投入すべきものとなる。言うなれば、「個」＝人間は、「種」＝国家のために死ぬべき存在となるわけだ。この点だけを強調すれば、田辺の種の論理は太平洋戦争における特攻を正当化する論理になるだろう。第四章でも触れるが、この演説を聞いて人間魚雷「回天」に乗り込んだ上山春平などは、実際そのように受け止めていた。

だが、「個」＝人間が「種」＝国家のために死ぬだけなら、種の論理は「個」→「種」の二項関係で締め括られて終わるだろう。けれども、そこにもう一つ、「類」の項が残っていることの意味を考えなければならない。「種」＝国家には、「個」＝人間を否定する側面と同時に、「個」＝人間を生かす側面も有している。これは「種」＝国家に殉ずることによって「種」＝国家より上位の「類」＝神に近づくことを意味する。この視点からすれば、「種」＝国家は「個」＝人間にとってはたんなる通過点に過ぎず、最終的には「類」＝神において本当の生を得るということになる。したがって、「類」＝神と「種」＝国家は、「個」＝人間の生死をめぐってある種の対立関係にあると言える。先ほど「種」が「個」と「類」の双方にとって否定的な関係にあると述べたのは、そういう意味でのことである。

こうした「類」＝神という最終的な局面から見ると、「種」＝国家は「個」＝人間を死滅させるだけでなく、「種」＝国家よりも上位の「類」＝神において「個」＝人間を復活させる意味合いをもっていることが分かる。後述する『懺悔道としての哲学』（一九四六年）において田辺が「死即復活」と言うのは、こうした背景からのことである。またこの言い方には、後述するようにキリスト教への田辺の関心が垣間見られる。第一章で触れたように、キリスト教の軽視は井上哲次郎以来、日本哲学における一般的な傾向だったから、田辺のこの転換は、日本哲学史上、画期的なものである。

こうした種の論理を、映画『永遠の０《ゼロ》』（百田尚樹《ひゃくたなおき》原作、山崎貴《やまざきたかし》監督）で広く知られるようになった、太平洋戦争末期の神風特攻隊を例として考えてみよう。当初、隊員たちは片道のみの燃料で米国軍艦に激突する攻撃を、「種」＝国家のために「個」＝人間が殉じる行為として捉えていた。けれども殉ずべき「種」＝国家の命運が危うくなるにつれて、激突の攻撃を「種」＝国家よりも上位の「類」＝神、ありていに言えば日本国憲法第九条に象徴される戦争放棄のため、あるいは軍国日本から平和日本への転身のためのものだと捉え直すようになった。「種の論理」には、こうした二重性があることに、十分留意しなければならない。なお特攻隊の海ヴァージョンとでも言うべき人間魚雷「回天」については、上山春平を論じる第四章で触れることにする。

しかし論理学に関心の強い読者からすれば、種の論理で論じられる「種」の位置づけに、どこか不明瞭な印象をもつ方も少なからずいるだろう。実際に『善の研究』の批判で名をあげた高橋里美は論文「種の論理」（一九三六〜三七年）で、田辺の言うところの「種」というのは、かつて田辺が西田に向けて言い放った「場所の自己限定」（高橋の言い方だと「無の自己限定」）と大差ないと批判している。また「個」と「種」と「類」という三項関係では、弁証法の基本になる矛盾的な二項関係を捉え切れないという批判も展開する。これについては高橋自身の立場である包弁証法を扱う第四章で論じよう。

結局のところ、こうした高橋の批判を受け、戦後の田辺は「個」・「種」・「類」の三項関係からなる種の論理を放棄し、浄土真宗の用語である「往相《おうそう》」と「還相《げんそう》」からなる「懺悔道」を提唱する。この点で田辺は、同じ仏教でも禅を基調とする西田幾多郎と西谷啓治の立場から一線を画することになる。

懺悔道へ

まずは「往相」と「還相」の関係から見ておこう。数ある浄土真宗の宗派のなかでも往相を還相と不可分に捉えるのが本願寺派《ほんがんじ》であり、往相を重視する大谷派《おおたに》とこの点で対立するのだから、田辺は宗教を一足飛びに飛び越えていきなり宗派の論争にのめり込んだと推測することもできるだろう。田辺が数理哲学の研究から出発したことを考えれば、えらい変わりようである。けれども田辺は、「種の論理」から「懺悔道」に移行したことによって、弁証法的立場を放棄したわけではない。むしろ「往相」と「還相」の関係を、「往相即還相」という弁証法的な色彩を帯びたものに転換する。

懺悔道における「種」は、もはや「個」と「類」のあいだにそれ自体として即自的に存在するのではなく、両者を媒介しつつも媒介する種自体を否定するという構造をもつようになる。そうなると、もはや「種」が「個」と「類」のあいだに割って入る必然性はなくなって、「個」から「類」へと転換するプロセスのなかで、事後的に「種」が見出される、という構造となる。そしてさらには「個」だけではなく「類」をも起点とする運動も予想されるようになり、そこから「往相即還相」の論理が導かれる。つまり、「個→種→類」すなわち「有限→無限」と、「類→種→個」すなわち「無限→有限」が存在し、これら二つの「往相と還相」との交叉点が「個」とされるわけである。

この懺悔道を説くのが『懺悔道としての哲学』である。発表されたのが終戦直後だったことから、当時の首相、東久邇《ひがしくに》稔彦《なるひこ》（一八八七〜一九九〇）が「一億総懺悔」を説いたことを受けた、時流に便乗した著作と受け取られてきたきらいがある。けれども著書の冒頭で田辺自身が述べているように、ギリシア語で「思惟作用」を意味する「ノエシス」の上位を目指す学として「メタノエティク」という語を案出し、これに「懺悔道」という訳語を与えているという事情を考慮すれば、ここでの田辺の意図は哲学の立場を維持しつつ、哲学以上の立場――要するに宗教的なもの――を目指していたことが推測できる。

注意すべきは、純然たる宗教的概念と見なされがちな「救済」と「懺悔」が、先ほどの「往相即還相」と同様の論理で論じられていることである。つまり懺悔において、放棄されることによって自己は滅却されるが、その同じ懺悔によってまた自己は復活的に回復される。それゆえ「絶望の悲哀」であるはずの「懺悔」のなかで感じ取られた「苦痛」がかえって「歓喜の媒介」になる、そういう事態が認められる、そう田辺は言うのである。

戦後の田辺

この懺悔道を主軸にして、戦後の田辺哲学は再出発する。京大を定年退官した田辺は以前より避暑地として使用していた軽井沢《かるいざわ》の山荘に妻とともに隠棲し、終生この地にあった。まずは弟子の唐木順三が編集を務めていた筑摩《ちくま》書房から『政治哲学の急務』（一九四六年）や『キリスト教とマルクシズムと日本仏教』（一九四七年）といった、いささか時事的な論文を世に問うた。

これらの論文からは、先述の講演「死生」をはなむけとすることで優秀な学生たちを戦場で死なせてしまったという田辺の痛恨の思いがひしひしと伝わってくるが、先述の「種の論理」から「懺悔道」への転換の足跡を念頭に置いて丹念に読めば、敗戦をはさんでも、戦前と戦後のあいだで田辺哲学の基本構造は変わっていないことが知られる。

敗戦直後の混乱が次第に鎮まってくると、田辺のなかで懺悔道の基礎となるべき宗教体験の模索が続いてゆく。例えば『実存と愛と実践』（一九四七年）と『キリスト教の弁証』（一九四八年）ではキリスト教が重視されるかと思えば、『哲学入門——宗教哲学・倫理学』（一九五一年）では一転して禅仏教に注目し、「正統的」な京都学派である西田・西谷路線に接近するといった具合である。

こうして見れば、田辺の宗教哲学は、浄土真宗と禅宗とキリスト教のあいだで堂々巡りをしているようにも見えるだろう。しかしキリスト教にさほど関心を示さなかった師の西田に較べると、田辺のなかではキリスト教がわが国の他の伝統的宗教と同程度に根を張っていたことが分かる。その意味において、田辺以降の哲学者たちは、キリスト教を異端視していた井上哲次郎の呪縛からようやく脱却したとも言えるだろう。

これらの著作の発表を通じて田辺は筑摩書房と懇意になり、しまいには自らの著作権を岩波書店から筑摩書房に移すまでにいたった。その後の筑摩書房が経営不振におちいったために筑摩版の『田辺元全集』は書店から姿を消し、二〇一〇年に岩波書店で『田辺元哲学選』のシリーズが刊行されるまで、田辺の名はコラムで扱った九鬼周造や和辻哲郎や第三章で扱った三木清と較べても、長いあいだ忘れられることになった。

なお戦後の田辺は以上のような宗教哲学的な著作とは別に『ヴァレリイの芸術哲学』（一九五一年）と絶筆になった『マラルメ覚書』（一九六一年）といったフランス象徴詩に関する著作を著している。こうした文学評論めいた著作の執筆には、軽井沢に隠棲してほどなくして妻を亡くしたあとに急接近した作家の野上弥生子《のがみやえこ》（一八八五〜一九八五）との老いらくの恋が影を落としているのだが、これらの事情を書き連ねると京都学派の本題から大きく逸れてしまうので、そろそろ戦時中の京都学派の戦争協力についての評価をまとめよう。

時流との不幸なめぐり合わせ

ここまで「西田先生の教を仰ぐ」以降の京都学派を論じてきたが、西田の弟子たちが西田哲学を前提にした独自の体系構築を目指す一方で、西洋哲学の啓蒙的著作も多数残したことを看過すべきではない。

プロローグで触れたように、弘文堂書房で企画された西哲叢書のなかでも、高山岩男と高坂正顕がそれぞれ著した『ヘーゲル』と『カント』は当時の世界最高水準の研究書とされているが、そのような評価を下すのが京都学派の批判者であるはずの広松渉だということは、瞠目《どうもく》すべき事実である。当人たちの哲学体系の是非はともかく、その土台となるべき彼らの文献読解は「敵ながらあっぱれ」というようなレヴェルに達しており、戦後の世代の目標と見定められるものになっていたのだ。

けれども彼らの研究活動が脂の乗り切った時期がたまたま第二次世界大戦の勃発と重なったため、時流の渦に巻き込まれ、戦争協力をせざるを得ない状況に追い込まれた。このことが敗戦後厳しく追及され、京都学派の哲学は戦時中の負の遺産とされて長いあいだ顧みられなくなった。

繰り返し述べているように、戦争協力には多くの知識人や文化人が手を染めているのであって、その責めを京都学派のみに帰するのは性急である。それよりも重要なのは、座談会「近代の超克」における小林秀雄の発言から読み取れるように、京都学派の言説が日本文化のトータルな理解に基づくものではなく、むしろ西洋近代の衝撃から形成されたものだったという事実である。

その意味では、近代日本を代表する詩人である萩原朔太郎《はぎわらさくたろう》（一八八六〜一九四二）がエッセー集『日本への回帰』（一九三八年）で書いた次の一節が、京都学派の精神風景を代弁していると言ってよいだろう。

現実は虚無である。今の日本には何物もない。一切の文化は喪失されてる。だが僕等の知性人は、かかる虚妄の中に抗争しながら、未来の建設に向って這いあがってくる。僕等は絶対者の意志である。悩みつつ、嘆きつつ、悲しみつつ、そして尚、最も絶望的に失望しながら、しかも尚前進への意志を捨てないのだ。過去に僕等は、知性人である故に孤独であり、西洋的である故にエトランゼだった。そして今日、祖国への批判と関心とを持つことから、一層また切実なヂレンマに逢着して、二重に救いがたく悩んでいるのだ。孤独と寂寥《せきりょう》とは、この国に生れた知性人の、永遠に避けがたい運命なのだ。

理解の便を図るため、ここで座談会「近代の超克」における小林秀雄と西谷啓治のやり取りを振り返っておきたい。小林は、近代を超克するための手段として日本の伝統思想を持ち出そうともくろむ西谷に、彼の青年時代の精神的糧となったのが、日本の古典として真っ先に挙げられるべき『源氏物語』ではなく、近代西洋の小説であったことを告白させている。つまり故郷である「日本」に戻ろうとしても、すでに西洋化＝近代化が進行してしまっているために、本当の「日本」を見出すことができないという状況である。たとえて言えば、花火大会の見物に合わせてせっかく日本伝統の浴衣を購入しても、ぎこちない着こなしのためどうしてもコスプレ衣装に見えてしまうというような悲喜劇が、座談会「近代の超克」にも見出されるのだ。

京都学派の哲学者たちの戦争協力から、今日われわれが学ぶべきことは、彼らが主張した、時流に乗った日本精神の正当化の論理は、端《はな》から破綻していたということである。彼らの言説は、むしろ西洋哲学的な文脈のなかにおける新たな理論として位置づけ直すべきだろう。

その意味で、高山岩男の『文化類型学』や『場所的論理と呼応の原理』は、グローバル化と宗教衝突が同時進行する今の時代を読み解く理論として今後大いに注目されるべきだろう。だが、これらを考察する前に、戦後京都学派の再建にあたった三宅剛一と上山春平の思索を論じておきたい。

コラム3　左派の哲学者たち

繰り返し述べているように、京大哲学科で西田幾多郎に師事しながらマルクス主義に挺身した哲学者は三木清に限らなかった。戸坂潤と梯明秀と船山信一はそうした哲学者であり、当初は三木に追随したが、やがて三木から離反しこれを批判した点でも共通している。

戸坂は東京都出身、一高を経て京大哲学科に入学、新カント派の立場から空間論を研究している途上で唯物論に移行し、一九三二年に設立された唯物論研究会（通称唯研）の創始者の一人となる。『日本イデオロギー論』（一九三五年）が代表作であり、同書において「京都学派」の語がはじめて用いられた。法政大学教授となるが、治安維持法違反の容疑で検挙され、敗戦目前に獄中死した。

梯は徳島県出身、一高を経て京大に入学、在学中は社会学を専攻したが西田に私淑《ししゅく》し、戦後は立命館大学教授となる。『物質の哲学的概念』（一九三四年）、『ヘーゲル哲学と資本論』（一九五九年）が代表作である。独特の経済哲学を構築した。『全自然史的過程の思想』（一九八〇年）は三木の周辺を知るうえでの第一級の資料である。

船山は山形県出身、山形高校出身なので高山岩男の後輩にあたる。京大哲学科卒業後は戸坂とともに唯研を設立し、治安維持法違反により検挙され転向、三木とともに昭和研究会に参画する。戦後は宮城県の河北新報《かほくしんぽう》論説委員を経て、立命館大学教授となる。フォイエルバッハ研究の第一人者であり、『明治哲学史研究』（一九五九年）『大正哲学史研究』（一九六五年）『昭和の唯物論哲学』（一九八〇年）といった、日本哲学史に関わる著作も残している。

なお三人のように明確にマルクス主義の立場には立たないものの、京大法学部教授で当時の刑法研究の権威である滝川幸辰《たきがわゆきとき》（一八九一〜一九六二）が辞任に追い込まれた、いわゆる滝川事件（一九三三年）において、処分反対闘争の先頭に立った中井正一《なかいまさかず》（一九〇〇〜五二）と久野収も、広い意味では左派に含まれるだろう。

厳密に言えば、中井は美学者である。広島県出身で三高を経て京大哲学科に入学、主として九鬼周造に師事する。「委員会の論理」（一九三六年）が代表作である。一九三五年には雑誌『世界文化』、一九三七年には新聞『土曜日』を刊行し、反ファシズム文化運動を紹介した。戦後は国立国会図書館副館長などを歴任した。

久野は大阪府出身、滝川事件から『土曜日』まで中井を支えた。戦後は学習院大学教授に就任、思想の科学社の初代社長になり、『週刊金曜日』の創刊にも関わった。代表作は『歴史的理性批判序説』（一九七七年）である。久野に私淑した経済評論家に佐高信《さたかまこと》（一九四五～）がおり、エピローグでも触れる柄谷行人とも親交があった。

第４章　戦後の京都学派と新京都学派
——三宅剛一と上山春平

上山春平

1 「包弁証法」と三宅剛一

戦後の見取り図

第二章と第三章で述べたように、西田幾多郎と田辺元、そしていわゆる「京大四天王」はいずれも、戦時中の言論活動において戦争協力をしたかどで、生存者はことごとく公職追放に遭った。そのうち西谷啓治のみが戦後しばらくして京大に復帰したが、先述したように東洋的静寂へと沈潜してしまった。こうして見ると、戦後において京都学派の命運は完全に断たれているかに見える。

けれども四天王に続く京大関係者たちは、こうした状況に手をこまねいていたわけではなかった。戦時中、京都から遠く離れた東北大学で地道な研究活動を続けていた三宅剛一が、戦後ほどなくして京大哲学科に招聘され、京都学派の再建に尽力したからである。また三宅は以前から西田と田辺の好敵手であった高橋里美から薫陶を得ていたこともあって、京都学派の弱点を知っていた。こうした三宅が戦前の京都学派をどう見ていたかを、高橋の視点も交えながら考察しなければならない。

他方、読者のなかには、戦後の京大であれば、梅原猛を除けば、哲学者よりはむしろ、フランス文学者の桑原武夫や棲み分け理論を提唱した生態学者の今西錦司《いまにしきんじ》（一九〇二〜九二）らが中心となった、人文科学研究所に所属する学者たちの活躍の方が印象に残っているかもしれない。これらの学者たちのなかでは上山春平が戦前の京大哲学科に在籍して田辺元の謦咳《けいがい》に接しているから、考えようによっては三宅よりも上山の方が京都学派の後継者の名にふさわしいとも考えられる。

それゆえ本章では、こうした見取り図をもとにして、三宅と上山を基軸にして戦後の京都学派の歩みを追跡する。そのためには公職追放後の京大哲学科の陣容を見ておく必要がある。

三宅剛一

非西田系の学者たちと梅原猛

第二章のはじめで述べたように、京大哲学科には西田や田辺の系統とは異なる非西田系の哲学者たちも在籍していた。朝永三十郎や波多野精一はその代表格である。彼らの影響力のもとで地道な研究を続けてきたのが山内得立《やまうちとくりゅう》（一八九〇〜一九八二）や田中美知太郎や野田又夫《のだまたお》（一九一〇〜二〇〇四）であり、彼らが敗戦前後に招聘され、戦後の京大哲学科を支えていった。これら三人のうち山内は『ロゴスとレンマ』（一九七四年）で独特の東洋的論理を展開して西田系への対抗心を示したが、田中や野田は、西洋哲学研究の実績を積み上げてゆくことのほかには関心がなかった。

田中美知太郎は京都学派というよりは、わが国におけるギリシア哲学研究の基礎を築いた研究者だと言われるべきだろう。田中は新潟県出身で、上智大学中退後に京大哲学科に入学し、東京文理科大学（現在の筑波大学）などを経て一九四七年に京大に着任した。第二章で触れたように京大で学ぶ理由として、西田ではなく波多野精一の存在を挙げているのが興味深い。このことは、田中が最初から独自の哲学体系を構築するつもりがなかったことを含意する。学外では（昨今何かと話題の日本会議とは異なる）日本文化会議を設立して保守的言説の論陣を張ったが、教育の場では学生が多少でも時流便乗的な発言をすると「それは学問ではなくジャーナリズムである」とたしなめたと言われている。京都学派の轍《てつ》を踏むまいという意識でのことだろう。他方で一般的にはデカルト研究者として知られている野田又夫は、大阪高校時代に保田与重郎と一緒に俳句をつくった仲であり、日本浪曼派に冷淡な京大関係者のなかで独り保田の評論を高く評価した。

なお梅原猛が京大に入学したのは田辺が退官した直後の一九四五年なので、当時の哲学科の陣営は先述のような完全な非西田系だった。梅原は卒論の指導をめぐって田中美知太郎らと対立するなか独自の研究スタイルを形成し、それが高じて一九八七年に新設された国際日本文化研究センター（略して日文研）の初代所長になるが、後述する人文科学研究所とは違って、純然たる人文系のための研究機関であることをここに付記しておく。

西田中間派、および下村寅太郎について

他方で非西田系に較べれば明らかに西田幾多郎の影響を受けながらも、京大四天王のように時局に便乗した政治的発言をすることもなく、外見的には非西田系と同様に地道な研究活動をおこなった勢力もある。西田を敬愛しつつマルクス主義的立場をとった三木清をはじめとする左派と区別して、彼らは西田中間派とされる。もっとも第三章で触れたように三宅剛一と下村寅太郎のみが西田中間派なので、この二人だけで一つのグループを形成していると言うには相当無理がある。以前より懇意《こんい》であり、ともに学習院大学教授を務めた親しい間柄と言い換えた方がいいのかもしれない。

他の哲学者たちとは違って下村は生粋の京都人である。一九四一年に東京文理科大学に就職し、戦後に東京教育大学になった後も定年退官まで勤めた。専門はルネサンスであり、科学史から芸術史、精神史まで研究は広範にわたっている。第三章で扱った座談会「近代の超克」でも下村の発言は専門のルネサンスに関する知見の披露にとどまり、一

切、時局的な言動は控えている。

三宅剛一と高橋里美

けれども本書の関心から言って三宅と下村の関係よりも重要なのは、三宅と高橋里美の関係である。後述するように三宅は京大入学以前から個人的に高橋と親しく、東北大学時代も同僚として付き合うなど、京大教授として赴任するまで高橋から大きな学恩を受けているからである。すでに述べたように高橋は西田幾多郎と田辺元という京都学派の両雄に論争を挑んでいるので、京大に着任以降の三宅は、高橋に恩義を感じつつも、同時に京都学派の薫陶を得た者として高橋を批判しなければならないというむずかしい立場にあった。言うなれば、三宅は高橋を通じて自らの思索を鍛え上げ、京大にとどまり続けていれば決して得られない第三者的視点を獲得することで、京都学派を再構築するよう迫られたと考えてよいだろう。

以下では高橋里美の立場を示す包弁証法と、その立場からの田辺への批判を見ることで、京都学派から多大な影響を受けながらも三宅が独自のスタイルを確立するさまを見ておきたい。そのうえで、高橋の影響下にあった三宅が次第に戦後の京都学派のあるべき立場を模索してゆく様子を考察したい。

それでは時計の針を数十年戻して、三宅剛一との関係を考慮しつつ高橋里美の経歴を簡単に振り返っておこう。高橋は山形県出身、一高を経て東大に入学する。第二章で述べたように「意識現象の事実と其意味《そのいみ》」を発表したのは、東大大学院在籍中の弱冠二六歳のときである。繰り返しになるが、この時分、『善の研究』はまだ岩波書店からは刊行されていなかったのだから、その先見の明のほどが知られる。

高橋は第六高校（現在の岡山大学。略して六高）にドイツ語教員として就職し、三宅との運命の出会いをする。その後は旧制新潟高校（現在の新潟大学）を経て一九二一年に東北大学に移る。当初、高橋が在籍した学部は理学部で、田辺元から科学概論の講義を引き継いだが、その三年後に法文学部に移る。その後釜が、高橋の後に旧制新潟高校に就職した三宅であり、人事の点でも三宅は高橋と切っても切れない関係にあった。代表作である『包弁証法』を刊行したのは、戦時中の一九四二年のことである。

高橋里美

高橋とヘーゲル

一九二五年から二年間ドイツに留学しフッサールのもとで学んだこと、田辺元とともにわが国に早い時期から現象学を紹介したこと、その後の東北大が現象学研究のメッカになったことを考えれば、高橋里美の研究の基礎となったのはフッサールではないかと思われるかもしれない。

けれども「学者を怒らせた話」というその題名からして興味深いエッセーによれば、日本人留学生を囲んでの茶話会でフッサールから現象学をどう思うと尋ねられたところ、高橋が、「現象学の方法も哲学における一つの重要なる方法ではあるが、哲学の唯一の方法とは思わない」と答えたところ、フッサールが非常に不快に思ったとのことである。

年譜を調べてみれば、高橋里美の卒論はライプニッツを扱ったものなので、単純に考えればライプニッツが出発点だと考えてもよさそうである。しかし同じエッセーによると、高橋のもともとの関心はヘーゲルだったが、当時、東大で非常勤講師をしていた波多野精一から、ヘーゲルは一年そこらで理解できるものではないし、またその偉大さも弁証法の形式というよりは、西洋哲学についての該博な知識に基づくものなので、他の哲学者を専攻してから取り組んでも遅くはないというアドヴァイスを受けてライプニッツに変更したのだった。

ヘーゲルの論理学を研究したために一生を棒に振ったという、とても笑い話にならない話をしばしば同業者から聞く身からすれば、このアドヴァイスは実に的を射ていると思われる。また第二章で触れたように、京大に着任後の波多野は京大と東北大のいずれを取るかで悩んでいた田辺元にも親身になって相談に乗るなど、単なるエリートではないなかなかの人格者であったことが推測される。

包弁証法にまつわる誤解

それでは『包弁証法』の説明に入ろう。まず誤解してはならないのは、「包」という語に引きずられて、何かが何かを「包み込む」弁証法を高橋が構想したと考えてはならないということである。こうした誤解が起こりやすいのは、「自覚」の時代の西田が「包む」-「包まれる」関係を用いて体系を構築しようとしていたことに起因すると思われる。

けれども「包弁証法」の英訳として、高橋自身がSystem Which Includes Dialecticsという表記を充てていることから知れるように「弁証法を包む体系」というのが高橋の立場である。これが意味するのは、一切を弁証法によって説明することはできず、弁証法の一ランク上に弁証法とは異質な体系が想定されなければならないということである。

二項を包越する論点

高橋の論点は五つある。第一に「正↓反↓合」の形式をとる弁証法のうちの「正」が、自分自身のうちに根拠を有しているのかという点、第二に「正↓反」に発展するなかで、すでに「正」は「合」に先立って「反」のうちで止揚《しよう》されているのではないかという点、第三に弁証法と形式論理学のあいだで、否定ないし矛盾の意味が異なるのではないかという点、第四に弁証法によって本当に円環運動が成立するのかという点、そして第五に「合」は本来的に「正」と「反」の対立を止揚できるのかという点である。

第五の論点に関して先走って言えば、「合」は二者の対立を止揚し切れないがゆえに、弁証法によっては語り尽くせない残余が存在し、それが弁証法を包む体系へと移行するというのが、高橋の「包弁証法」の筋書きである。これらの論点の叙述でひときわ注目すべきなのは、「正」と「反」が同等の役割を果たしているという指摘である。つまり「正」と「反」は対立し合うにとどまらず、「正」は「反」を、「反」は「正」をそれぞれ媒介するのであって、「正→反」の後は「反→正」になる、つまりは「正」と「反」のあいだの循環運動が想定されるべきだというのが、高橋の見立てなのである。

したがって通常の弁証法が言うように「正→反→合」という図式を必ずしも考える必要はない。言うなれば「合」は、「正」と「反」が対立し合う線の外にではなく、両者と同じ線上に求められるべきものであり、こうした「合」を見立てて、そこに「正」と「反」を包み込むことにより、「正→反→合」の弁証法自体を相対化する視点を提示する、すなわち包弁証法が成立する余地が生まれるというのである。

ここに「包越《ほうえつ》」という論点が打ち出される。高橋によれば、「包越」は「超越」とは異なる。「超越」と言ってしまうと超えたものと超えられたもののあいだには何の接点もなくなってしまうが、「包むことによって越える」包越は、「外的に包むことではなくして同時に内的に通徹すること」を意味する。これは「超越と内在とのいわゆる弁証法的統一」ではない。弁証法に即して言えば「包弁証法」は「弁証法の本来の意味での根拠乃至は根源をも包越する」ものとされる。

こうした事態が「弁証法そのものの包括的止揚」だと言い換えられることから、高橋が「包弁証法」という体系を持ち出したのは、弁証法的運動はつまるところ二項のあいだの循環運動にとどまり、二項を超越する存在を捉え切れないという思いがあったからと推測される。二項関係に踏み止まるべきだとする高橋の論点は、コラム1で触れたように一点に議論を収束させまいとする九鬼周造の『偶然性の問題』の議論とも重なるところがある。だが他方で高橋は、九鬼とは違って弁証法に対する関心を隠していないから、高橋の『包弁証法』は『偶然性の問題』と田辺の種の論理の中間的な存在と言ってよいだろう。

田辺批判の文脈

以上の『包弁証法』の議論はあくまでも弁証法一般を標的としたものであって、田辺の種の論理に向けた直接的な批判ではない。だが、第三章で論じたように種の論理は「個」－「種」－「類」の三項関係からなるものだから、ある程度は田辺の議論を意識していたことは間違いない。実際これよりも数年前の「種の論理」において、高橋は「包弁証法」を先取りした論点を用いて、種の論理の二つの問題を指摘している。

そのうちの一つである田辺の立場が西田の「場所の自己限定」に近しいことについては、すでに第三章で論じた。残りの一つは矛盾についての考え方に関わる。矛盾というのは通常二者に関して妥当するものであって、三者相互の矛盾対立という事態はあり得ず、二者の対立を第三者が調停するというのが常だから、田辺の言う三者の関係の弁証法は対立ではなく和解の弁証法、あるいは愛の弁証法ではないか、そう高橋は疑問を呈するのだ。こうした高橋里美からの批判を受け容れて、田辺元は種の論理から「懺悔道」に転換するわけだが、この事情を高橋の批判に即して見ておこう。

すでに述べたように「包弁証法」の論点は、対立し合う「正」と「反」とは別の次元に、弁証法を包越する体系を見届けるというものだった。これに対して田辺は第三章でも述べたように「往相即還相」という論理を持ち出し、高橋の議論は「有限→無限」の往相的な方向が求められているだけで、その逆の「無限→有限」の還相の方向が見過ごされていると批判する。この批判の意図は「弁証法」と「体系」を別個のものとして捉えるのではなく、一つの「弁証法」として「体系」構築を目指すべきだということだと考えてよいだろう。

弁証法についての田辺と高橋の理解は交わることはなかったが、それぞれが独自の弁証法理解を展開させたことから見れば、種の論理をめぐる両者の論争は有意義なものだったとしてもよいだろう。こうした論争を傍目で見ながら、「包弁証法」を批判する機会を密かにうかがっていたのが、これから扱う三宅剛一である。

三宅と高橋の出会い

それでは三宅の経歴をまとめておこう。三宅剛一は岡山県に生まれ、地元の六高に進んだ。高校二年のときにドイツ語教師として赴任してきたのが、高橋里美である。自身の証言によると、三宅は直接、高橋から学んだことはなく、高橋の同僚のドイツ語教師を介して交流が始まった。高橋は若き三宅をしばしば自宅に招き、あるときはコーエンの『純粋認識の論理学』(一九〇二年)の現物を見せながら自らの体系構想を滔々《とうとう》と語り、三宅に強烈な印象を与えた模様である。皮肉なことに後日の三宅による高橋批判は、このコーエン批判を介して展開されることになる。

以上から、高橋にとっての波多野に当たるような心の師匠が、三宅にとっての高橋なのかという思いが頭をよぎるが、実はそうではないようである。三宅は京大入学後に哲学と心理学のいずれかを専攻するかで迷っていたが、最終的に哲学にするように勧めたのが、当時は学生だった山内得立だからである。三宅が論文中に引用する数少ない国内研究者のうちで山内の名が目立つこと、また公職追放後の京大哲学科の再建に苦慮した山内が三宅を京大教授に招聘したことを考慮すれば、三宅にとっての心の師匠は山内であったと推測される。

三宅と「人間存在論」

他方で前述したように三宅は、高橋の後を追うような経歴をたどる。バートランド・ラッセル（一八七二～一九七〇）についての卒論を提出後、旧制新潟高校を経て東北大学理学部に着任したのが一九二四年であり、その後、法文学部に配置替えとなり、古巣である京大の教授に就任したのが一九五四年である。このあいだに第一の主著である『学の形成と自然的世界』（一九四〇年）が書かれた。この書は三宅自身が言うには、プラトンからカントにいたるまでの自然観の変遷を厳密に論じたものである。

学習院大学の酒井潔《さかいきよし》（一九五〇～）らが編纂《へんさん》した下村寅太郎宛の書簡集によれば、公職追放に処せられた京大四天王の生活を三宅が案じ、一時期は西谷啓治や高坂正顕を東北大学に招聘する活動をおこなったが、逆に三宅自身が京大に赴任することになった。けれども三宅が京大教授でいたのはわずか四年で、一九五八年に下村のいる学習院大学に移った。第二の主著である『人間存在論』が刊行されたのは、同大学退職後のことである。

その退職記念講演が「人間存在論について」と銘打たれていることから、「人間存在論」が最終的に三宅の到達した立場だと考えられる。なお同講演を収めた『哲学概論』の編者の一人に、京大教養部（戦前の三高）を改組した大学院人間・環境学研究科の立ち上げに参画した竹市明弘《たけいちあきひろ》（一九三三〜）の名前が認められること、また竹市が同研究科内に開設した講座・機関誌のいずれにも「人間存在論」が謳われていることに鑑みれば、独特の学派を形成した竹市が、自身が三宅の遺志を引き継いでいると考えていたことが推測される。こうして見ると京都学派の衣《い》鉢《はつ》を継いだのは、皮肉にも田辺元に京大教授の道筋を絶たれた三木清がかつて所属した三高とも言えそうである。

三宅の学風について

「人間存在論について」には、退職講演にありがちな儀礼的な内容はほとんどないどころか、これから検討する高橋里美批判の背景となる事柄すら多く認められるので、二ヵ所ほど少し長めの引用をしておこう。

大学時代には私は西田〔幾多郎〕教授について学びましたが、その頃は新カント派の哲学が主であって、それにベルグソン、フッサールなどが加わっているというふうでありました。それで私も自然にそういう哲学をやったのですが、しかし西田さんの考えには、もともとそういう哲学よりも前に御自身の考えがあり、それにドイツ観念論、特にヘーゲルというようなものが入りこんでいて、新カント派といっても先生自身の考えと、まえからのヘーゲル的な考えとまじっていたように思います。私は、学生時代にはディルタイの書物をもって読んだこともありますが、それをちゃんと理解するというところまでにはゆきませんでした。東北の理学部へゆき、講義のために数理哲学や科学思想史をも研究しました。それは私の本来の方針というわけではないのでしたが、そのうちに近代科学というものがいくらか理解できるようになり、特に無限と連続についての精密な理論に興味をもちました。そのせいか日本の哲学者が無限とか永遠とかの語をわりに無造作に使っているのに出あうと割り切れない気もちになります。

西田さんは私の先生ですが、西田哲学はこれは誰でも知っているように、日本の伝統に立ちつつ西洋の理論をとりいれ、そうして自分の哲学として論明してゆこうとする。それにならんで田辺〔元〕さんや高橋里美さんの哲学をも考えてみたわけです。西田哲学には問いの根本的方向がある。それは、根本的実在は何かということであります。生と死をふくめた人間の存在がそれによって成り立ち、それによって意味づけられるもの、こういう根本実在をまず求めるのであります。その存在の根本となる絶対的なものが求められ、それが宗教的絶対境と一つになってとらえられています。西田さんは一方では当時の新しい哲学、それからドイツ観念論、ヘーゲルの哲学などを検討してそのやり方をとり入れています。しかし、そういう西洋の哲学と西田哲学とが、理論の組み立てという点からみて非常にちがうことに私は気がつくのであります。それは形式的にいうと、田辺さん・高橋さんもそうですが、そういう体系家の著述がみな論文集になっている。これは西洋のシステマティックな哲学とはかなり違ったところであります。ある出発点から順序をおって構築的にやってゆくのではない。一途に究極的なものをめざして、それについての考え方が十分な基礎づけなしにパッと出てくる。そしてそのような究極的なものについての思想が凝結する。そこのところに東洋的、とくに中国を通して伝わった仏教思想があると思われます。

この後、三宅は西田をはじめとする日本の哲学を「心の哲学」と呼び、それに「共感しうる」ものがある一方、「理論的には」「ついて行けない」ところがあると批判する。

ここから読み取れるのは、西田幾多郎から始まる京都学派の研究スタイルに対する強い反撥である。三宅は明治以降のわが国の哲学研究の歩みそのものを特に否定するつもりはない。けれども東北大学に赴任して職務上、自然科学の研究の歴史を繙いてゆくと、西洋哲学において幾度となく話題になる「無限」や「永遠」という概念が、ギリシア哲学とキリスト教神学が結合しては分離するなどして、時代によってさまざまな含蓄《がんちく》を呈してゆくことが知られるようになり、その視点に立つと、京都学派および高橋里美の体系は、暗黙裡にある種の東洋的なものを前提にしているがゆえに、西洋哲学の水準に達するだけの十分な基礎づけがなされていない、そう批判されることになったのだ。

ここには自分自身は手を染めなかったものの、戦時中に京大出身者を含む多くの哲学者たちが戦争協力に関わったことに対する強い後悔の念とともに、第三章で引用した小林秀雄の長い発言にあるように、そもそも日本は西洋の近代を理解したかを疑問視する姿勢が読み取れるだろう。こうした点を重視して、山内得立は三宅を京大哲学科に呼び戻す決断をしたと考えられる。

それゆえ三宅による高橋里美の批判も、田辺が西田に対し、あるいは高橋が西田と田辺に対してしたような、独自の体系構築をする途上でなされたものではなく、あくまでも、西洋哲学の理解の厳格さの度合からなされている。次にその様子を見ておこう。

コーエン＝高橋による連続性理解に対する批判

三宅による本格的な包弁証法批判が展開されるのは、高橋里美が没した直後に『思想』に寄稿した「高橋哲学について」(一九六四年)においてである。西洋哲学の所説の認識不足を指摘して批判の対象を論じるという三宅のスタイルがこの論文には典型的に示されているので、これからしばらく見ておこう。

この論文で三宅は、『包弁証法』よりも先に刊行された『全体の立場』(一九三二年)所収の「コーヘンの『根源の判断』並に『根源の原理』について」を取り上げ、高橋が重視するコーエンのライプニッツ理解の是非を考察する。コーエンによれば「或るもの」は産出的な無によって産出されるが、その「或るもの」と産出的な無のあいだには質的な差はなく「ある種の連続性が認められるのであり、その連続性を保証するのがライプニッツの連続の原理」とするのが、コーエン(および高橋里美)によるライプニッツ解釈である。こうしたライプニッツ解釈に対して三宅は、ライプニッツが言うような、全体が部分に先立って与えられる事態はないと批判する。

「全体の立場」に対する批判

そのうえで三宅は、やはり『全体の立場』に所収の「発展の全体と発展の終極」に提示されている「創造的発展」という概念に注目する。ここで高橋は、全体の立場は「ABの統一的全体」と呼ばれ、この視点に立つと「AのBに対する関係も、BのAに対する関係も、AとBとの存在そのものも始めて可能に」なるといっている。こうした全体と部分の関係は、「正」は「反」を、「反」は「正」をそれぞれ媒介し、「正」と「反」のあいだには循環運動が想定されるべきだとする包弁証法の論理と等値と言えるだろう。先述のライプニッツ解釈でも見たように、三宅はAとBという質的に異なるものの移行を認めないのだから、ましてや「AからBに至る全体とBからAに至る全体とが同一全体である」という高橋の意見も容認しがたいものとなる。

弁証法に対する態度

先に述べたように、高橋里美の当初の関心事はヘーゲルの弁証法にあったが、兄弟子である波多野精一から忠告を受けて、急遽《きゅうきょ》テーマをライプニッツに変更した。これに対して三宅は、高校時代から高橋と親交を結んだが、京大時代の卒論のテーマはヘーゲルに極めて批判的なラッセルだった。なるほど三宅も高橋と同様ライプニッツに関心はあったが、三宅の念頭に置かれたライプニッツはラッセル経由だったため、もともと弁証法に関心のあった高橋とはすれ違ったと考えてよい。

こうした弁証法への忌避の感情は、『人間存在論』における歴史哲学を拒否する叙述からも読み取れる。三宅はヘーゲルの歴史哲学はキリスト教の救済史を世俗的世界史へ移しかえたものに過ぎないと断定し、「人間存在の究極の意味を歴史の中に求めることは、特殊の信仰の立場でしか成り立たない」とする。

この三宅のアプローチは、ヘーゲル流の歴史哲学を避ける近年の現象学研究者の先駆けとなっている。西田幾多郎と田辺元と高山岩男が独自の弁証法理解を追究していた時代と比すると隔世の感がある。

常識について

このように三宅剛一は、高橋里美の包弁証法を真っ向から否定したわけだが、意外にも高橋の人生観には共感を隠していない。

三宅は、エッセー「高橋さんのこと」（一九六九年）で、高橋哲学を心情的に支持する理由として「常識」を挙げている。

一つ私のとりあげたいことは、高橋さんの哲学の一つの特徴としての包越的全体の考え方と日本人の存在感情の親近性である。有限者は感情において存在の最も厚い層にとどくとか、愛と和の弁証法が特に「我が国」の在り方であるとかいうのは、高橋さんが重んじた常識に、特に庶民的土俗的な常識に通じるものであろう。その点は同時代の他の体系的な哲学者とかなり趣を異にする。

ここで注意したいのは、高橋哲学が「日本的なもの」を上手く言い当てているというのではなく、高橋哲学には「庶民的土俗的な常識に通じるもの」があるとしていることである。

「日本的なもの」あるいは「東洋的性格」を問題にする場合、決まって西田哲学をはじめとする京都学派の哲学が取り沙汰されるが、第三章で西谷啓治との関連で述べたように、そうした言説は、おおむね応仁の乱以降に建てられた門跡寺院の知的エリートが培ったものだった。これに比して高橋哲学は、そうした高等な学説を知らずとも庶民的な常識で評価できるとされるのだ。

方法論上の限界

ならばその「庶民的な常識」とはいかなるものかと問い質したくなる向きもあるだろう。残念ながら三宅は、この問いには沈黙を守っている。第三章で田辺の懺悔道を論じた際に言及した浄土真宗大谷派めいたものかもしれないが、ひょっとしたら対立を好まない日本人の性格そのものではないかと勘ぐりたくもなる。

三宅は西洋哲学の正確な理解を志し、京都学派の先達者たちのように独自の哲学体系を打ち立てること、そしてそれに「日本的なもの」を盛り込むことには極めて慎重である。そうした三宅の仕事ぶりに物足りなさを感じる読者もいると思うので、この辺で新京都学派と上山春平の言説について検討しよう。

2 新京都学派と上山春平

京大哲学科から京大人文研へ

これまで見てきたように、西田幾多郎と田辺元と高橋里美の三つ巴《みどもえ》による哲学論争は三宅剛一に引き継がれて、堅実な西洋哲学の研究と常識的な人生観の両立を求めるかたちで決着を見た。その三宅が京大四天王の追放後の京大哲学科の教授に就任することで、京都学派の命運は三宅ただ一人の手に委ねられたと考えるのが、妥当な見方なのかもしれない。

けれどもすでに見てきたように、三宅は西田や田辺、および京大四天王のように独自の哲学体系を提示することはついになかった。この三宅の態度は戦中の京都学派の哲学者たちによる戦争協力の反省に立ったものだとして、戦後の京大哲学科を運営してきた山内得立に代表される非西田系の哲学者たちに歓迎されたと思われる。しかし西田や田辺によってせっかく播《ま》かれたわが国独自の哲学体系の種を育て続けることと、京都学派の戦争責任を追及することは両立できるのではないだろうか。

そのような研究態度を貫いている哲学科に所属するスタッフを見つけ出すのは、残念ながら非常に困難である。京大哲学科を見渡せば、非西田系の哲学者たちには西田哲学を継承する姿勢がまったく見られないし、復帰した西谷啓治は禅仏教にシフトした独特の神秘主義の世界に引きこもっている。三宅の弟子である竹市明弘を基軸にした大学院人間・環境学研究科の人間存在論講座を見ても、オーソドックスな西洋哲学研究に甘んじているという印象がぬぐえない。

そこで注目したいのは、同じ京大でも人文研の存在である。プロローグでも触れたことだが、人文研にはフランス文学者の桑原武夫や生態学者の今西錦司といった、いずれも優秀だが哲学にはゆかりのない研究者たちが名を連ねている。だが、そのなかで上山春平だけが戦中の京大哲学科で教育を受け、苛烈な戦争体験をもとに独自の哲学体系を構築している。しかもその体系が西谷も三宅も敬遠した、高山岩男の世界史の哲学に匹敵するスケールを有していることを強調したい。そういう上山哲学が、人文研の別名である新京都学派を代表する立場とも考えられる。

新京都学派について

「新京都学派」という名称をはじめて目にした読者も多いと思うので、ここで多少説明しておこう。改めて言うまでもないことだが「京都学派」は西田幾多郎と田辺元を中心とする哲学研究者たちのグループを指しているが、一部には東洋史家の内藤湖南《ないとうこなん》(一八六六~一九三四)や中国文学者の吉川幸次郎《よしかわこうじろう》(一九〇四~一九八〇)らの提唱する独特の中国学の学風こそが、京大文学部の代表格であるという見方も根強くある。けれども実際に後者の学派を形成したのは文学部ではなく、京大人文研であった。

人文研は主として戦前の東方文化研究所を前身として一九四九年に発足した組織で、当初は日本部と東方部と西洋部の三部制をとっていたが、西洋部に属したはずの桑原武夫の発言力が次第に強まり、今西錦司や梅棹忠夫らと提携して、今で言うところの学際的研究を広範に展開した。この研究者グループが近年になって新京都学派と呼ばれるようになった。こうした学際的集団を理論的に束ねていたのが上山春平である。数学や考古学や歴史学を自由に操る『深層文化論序説』（一九七六年）を読むと、上山の本業が哲学であることに気づかない読者も多いだろう。

けれども上山の活動の土台となったのがプラグマティズム、とりわけパースの研究であった。それどころか上山は、そのパース研究で注目され、桑原により人文研に招聘されたのだ。以下では上山が人文研に着任するまでの経緯を、上山の前任者である鶴見俊輔の活動を交えて考察することにしよう。

「第二芸術」の真意

桑原武夫は内藤湖南の同僚でやはり東洋史家であった桑原隲蔵《じつぞう》（一八七一〜一九三一）の子として福井県に生まれ、京都一中・三高を経て京都大学を卒業し、一九四三年に東北大学法文学部助教授に着任した。京大人文研に教授として赴任するのは一九四八年なので桑原の東北大学時代は五年という短期間だったが、そのあいだにあの有名な「第二芸術——現代俳句について」（一九四六年）が雑誌『世界』に発表されている。

「第二芸術」の真意を知るためには、当時の東北大学法文学部の事情を知る必要がある。第二章で田辺の京大への異動との関連で若干触れたことだが、東北大学初の文系学部である法文学部が設置されたのは一九二二年である。設置とほぼ同時に赴任したのが阿部次郎や小宮豊隆《こみやとよたか》（一八八四〜一九六六）といった、夏目漱石《なつめそうせき》（一八六七〜一九一六）門下の面々であった。阿部と小宮はそれぞれ美学とドイツ文学を専門とするが、いずれも江戸時代の文化に造詣が深く、法文学部の構成員たちとしばしば文化サロン的なイヴェントを催した。とりわけ俳句の会は教授会と連動するかたちでおこなわれるのが慣例化されており、こうした公私混同的な催しが相次ぐことに桑原は強い違和感を感じ、これが「第二芸術」を執筆するきっかけとなった。

「第二芸術」で桑原は、専門家の十句と普通人の五句をアトランダムに並べたうえで、それらの優劣が容易につけられないことを理由にして「作者の経験が鑑賞者のうちに再生産されるというのでなければ芸術の意味はない」と主張する。これに対して「お前は作句の経験がないからだ」という反論を予想したうえで、次のような再反論を展開する。

> 十分近代化しているとは思えぬ日本の小説家のうちにすら、「小説のことは小説を書いて見なければわからぬ」などといったものはない。ロダンは彫刻のことは自分で作ってから言えなどとはいわなかったのである。映画を二、三本作ってから『カサブ

ランカ』を批評せよなどといわれては、たまったものではない。しかし俳句に限っては、「何も苦労せずして、苦労している他人に忠告がましい顔をして物を言うことはないと思う」〔中略〕というような言葉が書かれうるのは、俳句というものが、同好者だけが特殊世界を作り、その中で楽しむ芸事だということをよく示している。

このある種ユーモラスな意見の提示から浮かび上がってくるのは、桑原が俳句というジャンルを「第二芸術」として貶《おとし》めることを意図しているのではないことだ。それどころか桑原にはすぐれた芭蕉論があり、そこで芭蕉をすぐれた近世的芸術家だと評価している。問題なのは、現代俳句を批評する媒体が「特殊世界」であることであり、そうした不透明な批評空間が持続していけば、俳句は真っ当な評価がなされなくなるという危惧を抱いていたのである。

毎年発表される小説や映画の賞は時として素人筋には首を傾げたくなるような作品が受賞することからも分かるように、桑原が批判するある種の「文壇ギルド」的な批評空間は現在でも健在である。「第二芸術」は口先では民主化を掲げながら、その運営方法は依然として非民主的であるわが国の人文研究を狙い撃ちしたものとして、大いに評価されるべきだろう。

「言葉のお守り的使用法について」

桑原の「第二芸術」を掲載した『世界』は政治学者の丸山真男《まるやままさお》（一九一四〜九六）の有名な「超国家主義の論理と心理」（一九四六年）も発表した雑誌としてよく知られているが、これらの論文と同年に『思想の科学』で「言葉のお守り的使用法について」という風変わりな題名の論文を公表したのが鶴見俊輔である。ここでは『思想の科学』発刊までの鶴見の足跡を大急ぎで見てゆく。

鶴見俊輔は政治家の鶴見祐輔《ゆうすけ》（一八八五〜一九七三）の子として東京都で生まれた。姉の和子《かずこ》（一九一八〜二〇〇六）も高名な哲学者である。少年時代は非行を繰り返していたが、渡米後は一転して勉学に励みハーヴァード大学に入学し哲学を専攻した。大学卒業直後に太平洋戦争が勃発して帰国し、海軍軍属として勤務するあいだに敗戦を迎えた。このように鶴見は少年時代の自分を見捨てた日本のために、学問への情熱を目覚めさせてくれた恩人たちの国であるアメリカを相手に戦わなければならないことに強い苛立ちを抱いていた。

こうした経験を通して鶴見は和子と協力して雑誌『思想の科学』を発刊した。この『思想の科学』を拠点にして鶴見は共同研究「転向」や「ベトナムに平和を！市民連合」（略称、べ平連）の活動に勤しむが、これらの活動の基軸になっていたのが大学で学んだプラグマティズムであり、平易な言葉で哲学を語る文体の模索だった。『アメリカ哲学』（一九五〇年）は現在でも優れたプラグマティズムの入門書として十分通用するが、鶴見の評論活動の特徴を代表するのは、何と言っても「言葉のお守り的使用法について」である。「使用法」に注目する理由は、鶴見の依拠するプラグマティズムが重視する語用論（プラグマティックス）を受けてのものである。

言葉のお守り的使用法とは、言葉のニセ主張的使用法の一種類であり、意味がよくわからずに言葉を使う習慣の一種類である。言葉のお守り的使用法とは、人がその住んでいる社会の権力者によって正統と認められている価値体系を代表する言葉を、特に自分の社会的・政治的立場をまもるために、自分の上にかぶせたり、自分のする仕事の上にかぶせたりすることをいう。このような言葉のつかいかたがさかんにおこなわれていることは、ある種の社会条件の成立を条件としている。もし大衆が言葉の意味を具体的にとらえる習慣をもつならば、だれか煽動する者があらわれて大衆の利益に反する行動の上になにかの正統的な価値を代表する言葉をかぶせるとしても、その言葉そのものにまどわされることはすくないであろう。言葉のお守り的使用法のさかんなことは、その社会における言葉のよみとり能力がひくいことと切りはなすことができない。

ここまでの鶴見からの引用を見て直ちに気づかされるのは、文章に平仮名が多用されていることである。現在では漢字よりも平仮名が目立つ哲学論文が少なくないが、先に述べたように分かりやすい言葉遣いで哲学を語るというのが鶴見の目標なのだから、その目標達成の一つの手段が表記方法だと解される。

次に重要なのは、これまで十分に意識化されていなかった哲学と社会の関係を前面に押し出していることである。「ある種の社会条件の成立を条件としている」というくだりがこれに相当する。この論文が執筆されているのが敗戦直後であったことも考え併せると、「意味がよくわからずに言葉を使う習慣の一種類」というのが、戦中の政府のプロパガンダ活動であることが容易に推測がつく。実際、鶴見はこの後に「お守り的使用法」の実例として「国体」「日本的」「皇道」といった戦中に頻繁に用いられた語とともに、「尊王」のような幕末に流行した語も含めている。現在であればさしずめ「アベノミクス」も含められるだろう。

他方で鶴見は「意味がよくわからずに」用いられる戦後の事例として「民主」「自由」

「デモクラシー」を挙げていることにも注意すべきである。このことが意味するのは、鶴見が民主主義を否定していることではなく、よく「意味がよくわからずに」使われる点では「皇道」も「民主」も大差がないということである。

言葉の使い方から民主主義の精神を模索する鶴見の態度は、批評空間における情報公開を求める桑原武夫にも通じるものがある。それゆえ人文研に異動した桑原が最初におこなった人事は、鶴見を人文研に助教授として招聘することだった。意外に思えるかもしれないが、これが鶴見の常勤職としての最初の就職である。けれども鶴見はほどなく鬱病にかかって休職し、一九五四年に東京工業大学に移る。その鶴見の後任になったのが、上山春平に他ならない。

人間魚雷「回天」の経験

それでは京大人文研に招聘されるまでの上山の足跡を見ておこう。上山春平は台湾出身、本籍は和歌山県である。後述する空海《くうかい》への親しみは本籍地に由来する。一九四三年にカントについての卒論を京大哲学科に提出後、直ちに海軍航空学校に入校し、人間魚雷「回天」の搭乗員としての訓練を開始し、一九四五年には出撃の経験をする。これまで紹介してきた京都学派の哲学者たちと上山が決定的に異なるのは、実戦経験があることである。これには制度的な問題が関わっている。

戦前の大学生には徴兵猶予の特典が与えられていたが、太平洋戦争の戦況の悪化を受けて、一九四三年に二〇歳以上の文系の学生に限ってその特典が撤廃された。同年一〇月に明治神宮外苑競技場にて催された出陣学徒壮行会を伝えたニュース映画は、広く知られている。第三章で触れた田辺元の講演「死生」は、こうした状況のもとで講じられた。当然上山もこの講演を聴いたはずである。上山の世代のみが徴兵され、しかも戦地に赴いた。この苛烈な経験が上山の研究者人生を決定づける。

人間魚雷「回天」は神風特攻隊よりも知られていないので、多少説明をしておこう。回天とは、魚雷の本体に一人分のスペースを空け、簡単な操船装置や潜望鏡を設けたものである。言うなれば、人力による操作で敵艦に突入する兵器である。当初は港に停泊中の艦船を攻撃したが、その後、米軍側が停泊を警戒するようになってからは、水上航行中の艦船に攻撃対象が切り替わり、操船に高度な技術を要するようになったため、攻撃が失敗することが多くなった。それでも脱出装置のない「回天」は一度出撃したら命はないと思わせる、神風特攻隊と同様の恐怖の存在だった。その搭乗員の過酷な心理状態は、岡本喜八《おかもときはち》（一九二四〜二〇〇五）監督の名画『肉弾《にくだん》』によって広く知られるようになった。なお「回天」という聞き慣れない言葉だが、幕末の志士高杉晋作《たかすぎしんさく》（一八三九〜六七）が討幕派の旗揚げをする際に掲げた「回天義挙」のスローガンに由来する。

上山自身の体験を記せば、配属された山口県の光《ひかり》基地での訓練中に遭難し、窒息寸前で救出された。敗戦直前の二回の出撃ではいずれも爆雷攻撃を受け、九死に一生を得た。光基地で同僚となった東大法学部卒の和田稔《わだみのる》（一九二二～四五）は訓練中に窒息死し、その遺骨を上山自身が和田の実家に届けた。和田が残した四冊の手帳は『わだつみのこえ消えることなく――回天特攻隊員の手記』（角川文庫）に収められた。その解説は上山自身が執筆した。生前の和田は大蔵省（現在の財務省）入省を希望しており、上山を「田辺元の一番弟子」だと言ったと伝えられる。

鶴見俊輔との出会い

敗戦後の上山は本籍地の和歌山県に戻り、地元の中学校で教えていたが、一九四九年に愛知学芸大学（現在の愛知教育大学）に就職し、主としてマルクス主義の研究を続けていた。翌五〇年に東大で開催されたアメリカ研究セミナーの出席の折にパースを知り、パース論文集を借用するため京大人文研に着任したばかりの鶴見俊輔を訪ねた。その後のパース研究が鶴見およびその周囲に評価され、前述のように鶴見の後任として人文研より招聘を受ける。

ここまでの上山の経歴を見て知られるのは、鶴見との関わりがあくまでもプラグマティズムという学術的な関係に限定されていることである。前述のように鶴見は京大に赴任する以前から雑誌『思想の科学』を発刊し、京大を去ったあともこれを拠点に華々しい文筆活動をおこなうが、そうした鶴見、および鶴見を京大に呼んだジャーナリスティックな桑原武夫とは違って、上山は京大在学中に田辺元の薫陶を得、カントおよびヘーゲル弁証法の研究を下地にして、自らの苛烈な特攻体験を思想としてそれを血肉化するといういささか地道な研究に向かったと思われる。パース研究も、こうした研究の方向性から理解されなければならない。

パースのアブダクション＝仮説形成

上山のパース研究が収められているのは『弁証法の系譜』（一九六三年）である。先述のように戦後の上山はマルクス主義の研究に勤しんでおり、パースを含むプラグマティズムの論理によってマルクス主義の弁証法を批判するというのが、この書の眼目である。上山のマルクス主義に対するスタンスについては後述することとし、ここではそのうちのパース解釈のみにスポットを当てることとする。

上山によればパース哲学の最大の功績は、これまで科学的方法論の二本立てとされてきした演繹法《えんえきほう》（ディダクション）と帰納法《きのうほう》（インダクション）に加えて、「アブダクション」を導入したことにある。周知のように演繹法が普遍から個別を導くのに対し、帰納法は個別から普遍を導くので両者は対立関係にあるが、パースはその個別から普遍を導くもう一つの方法としてアブダクションを提唱する。

それでは帰納法とアブダクションはどう違うのだろうか。ここで上山は、両者が依拠する哲学的立場がそれぞれイギリス経験論とプラグマティズムであることに注目する。イギリス経験論が《知覚→思想》という局面で議論を構築するのに対し、プラグマティズムはこれに加えて「行動」という見地を取り入れ、《知覚→思想→行動》というプロセスのうちで前半の《知覚→思想》に相当する範囲をアブダクションに、後半の《思想→行動》を帰納法に割り当てる。ここには《知覚→思想》という認識論を哲学そのものと見なすのではなく、むしろ「思想」を「知覚」から「行動」にいたる通過点として捉え、《知覚→思想→行動》という全体を実践の場として捉えるプラグマティズムの世界観が組み込まれていると上山は考える。

ではアブダクションとしての《知覚→思想》とはいかなるものか。パースによれば、それは探究の第一段階、「仮説形成」のことである。われわれは観察を重ねていくうちに何らかの仮説を「突然思いつく」。その仮説が「多分こんなことではなかろうかといった消極的態度から、どうしてもそれを信じないでいられないというきわめて積極的な態度にいたるまで、無数の段階があるが」、それらをひっくるめてアブダクションと呼ぶ。それゆえアブダクションは、あまり落ち着きのよくない表現だが「仮説形成」と訳されることが多い。言うなれば「仮説形成」の段階で提起された真偽のあやふやな仮説を、次の演繹法と帰納法の検証を経て真理として確定するというのが、パースの提唱する科学的方法論である。

仮説形成とハイポサイエンス

以上がパースの言うアブダクション＝仮説形成の説明だが、それではこうした検証以前のあいまいな立場をなぜ、わざわざ科学的方法論の一環としてパース＝上山は導入しようとしたのだろうか。そこで注目したいのが、後年書かれた「アブダクションの理論」（一九七八年）の次のような一節である。

パースによれば、推論には、正しいものと正しくないものとがあるが、正しいものだけをとりあげれば、それには、必要な前提が言明されているものとされていないものとがあり、前者は完全な推論、後者は不完全な推論であるが、不完全な推論のばあいも、ただ前提が充分に言明されていないだけであって、暗黙のうちに仮定されている前提を明るみに出せば、完全な推論になる。

ここで注意したいのは、正しくても不完全な推論が存在するが、それもその前提が充分に言明されれば完全な推論に転化するということである。正しい推論に前提が充分に言明されている推論と充分には言明されていない推論の二種が存在するということは、結論は一緒でもそれが依拠する前提が異なる推論が存在することを意味する。こうした仮説形成の発想を生かすかたちで、上山は「ハイポサイエンス」という一風変わった学問の意義を強調する。

ハイポサイエンスの提唱

ここで「ハイポサイエンス」という語が出てくるのは唐突に思えるかもしれないが、「仮説」に当たる英語が「ハイポセシス」であることが知られれば、ハイポサイエンスの提唱は、上山なりに理解したパースの仮説形成の学問論への適用であることが分かる。「哲学とは何か」（一九九六年）で上山は、ハイポサイエンスを「ウラ科学」と規定している。「オモテ」にあるのが通常の科学だが、「オモテとウラの接点にいるような人びと」としてマルクス、マックス・ウェーバー（一八六四～一九二〇）、フロイト（一八五六～一九三九）が挙げられ、それぞれ経済学、社会学、精神分析といったオモテの科学にとどまらない魅力があることを指摘する。上山によれば哲学はそうしたハイポサイエンスの最たるものであり、しばしば言われるように「万学の女王とかいってあらゆるサイエンスのてっぺんに位置するのではなくて、あらゆるサイエンスの下に、根底にあるべきはず」だという。

このようなハイポサイエンスを主張することで、上山はさらにユニークな学問論を展開する。それによればオモテの科学は自我学、社会学、地球学、普遍学に四分され、そのそれぞれのハイポサイエンスとして身体学、自然学、宇宙学、数学が挙げられ、これら四つのハイポサイエンスのまたハイポサイエンス、言うなれば「ハイポハイポサイエンス」に相当するのが哲学である。それゆえ哲学は、四つのハイポサイエンスについての一定の見識を持たなければならない。

こうした上山の学問論の提唱は、現在、文科省でしきりに推奨されている文理融合の教育プログラムに近しくきわめて興味深いのだが、上山がハイポサイエンスとしての自然学の原型として想定しているのが生態学である。ここで上山に生態学の重要性を吹き込んだ梅棹忠夫の仕事を見ておく必要がある。

梅棹忠夫と『文明の生態史観』

梅棹は京都市生まれ、桑原武夫と同様に京都一中・三高を経て京大理学部を卒業した。卒業後は今西錦司が所長を務める中国・張家口《ちょうかこう》の西北研究所に入所し、当地で敗戦を迎える。それゆえ梅棹のフィールドは同研究所周辺のモンゴルだった。

一九四九年から一九六五年まで大阪市立大学助教授、そのあいだに問題の論文「文明の生態史観序説」(一九五七年。以下では「序説」と略記)を雑誌『中央公論』に発表した。同論文を含めた『文明の生態史観』が単行本として刊行されたのが一九六七年であり、そのときは京大人文研に移った後だった。一九七四年には大阪万博跡地に建設された国立民族学博物館の初代館長に就任した。

前述のように梅棹の専門は生態学だが、現在でも読み続けられている『知的生産の技術』(一九六九年)を刊行するなどその守備範囲は広く、またさまざまな論議のある著作も多い。そのなかでも大論争を巻き起こしたのが「序説」である。「序説」の最大のポイントは、従来のようにアジアとヨーロッパを含めたユーラシア大陸を東洋と西洋という風に方角的に二分するのではなく、ユーラシア大陸の東西の極を第一地域、残りの中央を第二地域と呼んで、第一地域と第二地域とでは文明化の進展が異なると見ることである。

ありていに言えば、第一地域はイギリスと日本、第二地域は中国、インド、ロシアおよび中東である。これまでの歴史観によれば、東西の極のイギリスと日本はいずれも島国で、それぞれの近場の大陸にあるヨーロッパや中国の影響を受けて遅れて発展してきたとされるが、梅棹の説明では第二地域が大帝国が交代する歴史をたどっているのに対し、第一地域はなるほど第二地域からの文化を移入するものの、それとは独自の発展を遂げているのだと言う。

こうした梅棹の斬新な発想は、一九五五年にインド、パキスタン、アフガニスタンを旅行した際の経験による。これらの土地はヨーロッパでもなければアジアでもない風俗と自然環境を備えていると梅棹には感じられた。この違和感は、現在ではイスラム世界の異質性として認識されるようになり、この点でも梅棹の問題提起は先駆的なものなのだが、「序説」の発表当時の関心の的はその第二地域ではなく、第一地域としてイギリスと日本が挙げられていたことになる。

「序説」をめぐるさまざまな論議

「序説」にいち早く反応したのが評論家の加藤周一《かとうしゅういち》（一九一九～二〇〇八）である。加藤は「近代日本の文明史的位置」を同じ『中央公論』に発表し、日本とイギリスを同列に置く発想に当惑しつつも、アフガニスタンなどを遍歴した梅棹の異文化体験に対する興味を表明した。続いて加藤は、梅棹の他に『インドで考えたこと』（一九五七年）を上梓したばかりの作家の堀田善衛《ほったよしえ》（一九一八～九八）を交えた鼎談《ていだん》「文明の系譜と現代的秩序」を開いた。鼎談のあいだ梅棹は、第一地域と第二地域の発想の違いを強調し続けたが、残りの二人は梅棹の体験をあくまでもエキゾティックなものとして受け止めていた印象を受ける。

これに対して右寄りの論客たちのあいだでは、「序説」において日本が先進国のイギリスと同列に扱われていることを歓迎する声が相次いだ。例えば小説『ビルマの竪琴』（一九五三年）の作者として知られているドイツ文学者の竹山道雄《たけやまみちお》（一九〇三～八四）が発表した論文「日本文化の位置」を受けて、法政史家の石井良助《いしいりょうすけ》（一九〇七～一九九三）、国際法学者の大平善梧《おおひらぜんご》（一九〇五～八九）、美術評論家の河北倫明《かわきたみちあき》（一九一四～九五）、唐木順三、経済学者の木村健康《きむらたけやす》（一九〇九～七三）、高坂正顕、日本学者のサイデンステッカー（一九二一～二〇〇七）、鈴木成高、社会思想史家の関嘉彦《せきよしひこ》（一九一二～二〇〇六）、英米法学者の高柳賢三《たかやなぎけんぞう》（一八八七～一九六七）、ジャーナリストの直井武雄《なおいたけお》（一八九七～一九九〇）、西谷啓治、文化人類学者のパッシン（一九一六～二〇〇三）、西洋史学者の林健太郎《はやしけんたろう》（一九一三～二〇〇四）、小説家の平林《ひらばやし》たい子（一九〇五～七二）、比較文学者のロゲンドルフ（一九〇八～八二）および竹山を交えた座談会「日本文化の伝統と変遷」が催され、竹山論文も含めてシンポジウムと同名の単行本が刊行された。

こうしたナショナリスティックな気運の高まりに対して、中国文学者の竹内好が「二つのアジア観」という論考を『東京新聞』に掲載して、いささかイデオロギー的に竹山らの動きを牽制した。また「序説」に賛同する座談会に高山岩男を除く京大四天王の三人が参加していることには、注意を要する。とりわけここでの鈴木成高の発言は、後述する上山春平の文明史と高山の世界史の哲学を切り結ぶ際の重要な論点を提示する点で興味深い。これについてはエピローグで詳しく取り上げる。

ここまで挙げた反応が「序説」が発表された一九五七年から翌五八年までのものだということに注意したい。なおコラム4で話題にする広松渉も『生態史観と唯物史観』(一九八六年)において、未完におわった『存在と意味』第三巻の一部を解説する仕方で「序説」に論評を加えていることにも注意したい。東大哲学科を卒業した哲学研究者のほとんどは京都学派の動きを無視ないし黙殺しているが、そうしたなかで広松ただ一人がその動向を注視していたと言えるだろう。

多系発展説の萌芽

こうした激しい論争もあるなか、上山春平は「序説」に対してどういう態度をとったのだろうか。「序説」刊行から二年後に上山は、雑誌『思想の科学』に「歴史観の模索」（一九五九年）を発表し、先述の竹山道雄と竹内好の対立の調停を模索した。竹山の日本文化論を梅棹理論への真摯な反応と捉える一方で、竹内による竹山への反共のレッテル張りに対しては、その「反共」概念のあいまいさを指摘し、生態史観と唯物史観を両立させるロジックを検討したのである。

上山は生態史観と唯物史観の共通点として、「人類社会の内的発展の展開の過程」「発展過程を支配する普遍的法則」「環境と主体の相互作用」を挙げ、他方で相違点として「単系発展説」対「多系発展説」、「経済的な生産関係」対「生物学的な主体環境関係」という対立軸を掲げたうえで、次のような妥協点を探る。すなわち、「唯物史観の単系発展説を生態史観の多系発展説に改造し」たうえで、経済的関係と生物学的関係を相補的に捉えようとするのである。こうした改造を施すと、唯物史観の本家である共産党の革命理論も次のように把握される。

マルクス主義は、梅棹氏の言う「第一地域」で発生し、本来「第一地域」の社会を前提にしてつくられた社会主義革命のプランをふくむものであったが、そのプランがレーニンやスターリンによって「第二地域」型の社会に適する形につくりかえられ、そうした「第二地域」型の改造プランが、こんどは逆に、「第一地域」の社会における革命プランのモデルとして採用されるようになった。もしも梅棹的多系発展説の仮説が正しいならば、こうしたプランを受け入れるにあたっては、「第一地域」型への組みかえが必要であったはずである。しかし、それはなされないで、ほぼ、鵜呑みにされてしまった。〔中略〕コミンテルンが日本共産党に与えた「三二年テーゼ」など、右のような観点から、徹底的に再検討される必要があるのではないか。

この論述から知られるのは、上山が決してマルクス主義を否認しているのではなく、マルクス主義をも包摂する独特の議論を展開する用意があるということだ。彼の出世作『弁証法の系譜』でのマルクス主義の扱いも、こうした姿勢の延長上にある。他方で注意したいのは、この「歴史観の模索」が雑誌『思想の科学』に掲載されている事実である。鶴見和子は後に『内発的発展論の展開』（一九九六年）を著し、欧米をモデルとする近代化論の模倣を外発的発展と呼んで批判したうえで、地域の特殊性を考慮した内発的発展をこれに対置したが、こうした和子の発想の起点を上山の多系発展説に求めても構わないだろう。

日本文明史へ

その後、上山は、多系発展説を踏まえたうえで、独自の日本文明史の構築へと向かう。その際に梅棹の文明史観が相対化されたことにも注目したい。『日本文明史の構想』（一九九〇年）を読む際に注意しなければならないのは、「文化史」ではなく「文明史」という術語が用いられていることである。上山は今西錦司の棲み分け理論から示唆を受けて、自然社会から区別された文明社会の歴史構築を心掛けている。

そのうえで、文明史を農業社会の第一次文明と、それ以降の工業社会の第二次文明に二分し、この視点から西欧文明と日本文明を位置づける。それによれば第一次文明における西欧文明と日本文明はそれぞれ、ローマ文明と中国文明の「周辺文明ないし亜流文明」として発展してきたとされる。この点で（梅棹はイギリスに限定するが）西欧文明と日本文明を「第一地域」として一括りにする生態史観は正しいが、いわゆる産業革命後の第二次文明に入ってからの日本文明は、今度は西欧文明の「周辺文明ないし亜流文明」の地位に甘んじていると解され、梅棹理論の汎用性が否認される。

こうして見ると、生態史観をめぐるかつての侃々《かんかん》諤々《がくがく》の議論を上山なりに消化したことが分かるが、それでは第一次文明および第二次文明における日本文明はどのように捉えられるのだろうか。上山は哲学的立場というよりはむしろ、先述のハイポサイエンスの枠組みを駆使して議論を展開する。上山が取り上げるのはギゾー（一七八七〜一八七四）、シュペングラー（一八八〇〜一九三六）、トインビー（一八八九〜一九七五）といった高名な歴史家の議論であり、そこから第一次文明（農業社会）および第二次文明（工業社会）における日本文明の微妙な立ち位置を見定める。

さらには唯物史観も相対化される。唯物史観によれば、歴史は奴隷制→封建制→資本主義→社会主義の順に展開するが、日本文明は農業社会においては奴隷制を経由せず封建制に達し、また工業社会においては資本主義と社会主義を併存する立場に立つ、そう上山は見なす。ここで「歴史観の模索」で示唆されていた多系発展説が採用されているのは明らかである。

こうして農業社会と工業社会の転回点に着眼して日本文明史が語られることになる。第一の転回点は西暦七〇〇年頃とされ、大化《たいか》の改新や壬申《じんしん》の乱ではなく藤原不比等《ふじわらのふひと》による記紀編纂の意義が強調される。次いで第二の転回点は一九〇〇年前後とされ、立憲君主制について論じられる。こうした枠組みのもと、これまで別個に論じられていると思われていた『明治維新の分析視点』（一九六八年）や『神々の体系』（一九七〇〜七一年）などの著作が日本文明史として統合されることになる。こうした論考を統合する上山の心象風景については、エピローグで取り上げることとする。

いずれが京都学派の後継者なのか

この日本文明史が歴史学的に妥当な議論かどうかの検討は本書の目的から逸れるので、そろそろ三宅剛一と上山春平のいずれが京都学派の後継者なのかを決定しておきたい。

とりあえず言えば、どちらか一方のみを後継者と捉えるのは困難である。制度的に言えば京大哲学科の教授になった三宅剛一を後継者と見なすのが穏当だが、先述のように独自の哲学体系を樹立することに三宅は消極的であり、また京都学派に対する言及も、西田幾多郎と高橋里美と田辺元といった旧世代の議論に限定された。もちろん日本哲学史を考察するにはこれら三人の哲学者で十分だという意見も根強くあるが、京都学派から独自の体系や日本文化論を期待する向きからすれば、三宅の議論はいかにも物足りなく思える。

これに比して上山春平は、確かに制度的には京大は京大でも人文研に属しているし、またその同僚は今西錦司や桑原武夫や梅棹忠夫のように哲学とは縁遠い研究に携わっているが、梅棹の生態史観から着想を得たその日本文明史は唯物史観に親しんでいた識者からすればきわめて斬新であり、禅仏教に凝り固まった感のある西谷啓治やある種の人生観を提示したにとどまった三宅剛一よりも、一歩も二歩も踏み込んだ議論をしている点に注目すべきだろう。

さらに日本文明史のベースをなしている多系発展説は、第三章で扱った高山岩男の『世界史の哲学』を連想させる一方、普遍的世界史（工業社会）が始まる前の特殊的世界史（農業社会）の描き方がいささか平板な高山に対し、この時点からすでに第二地域（中国、ヨーロッパなど）との対比で第一地域（日本とイギリス）を捉えている点で、上山の多系発展説の方が包括的な歴史理論を提示していると思われる。

西田とマルクスを対話させる高山と上山

上山と高山の議論の哲学上の対比はエピローグで検討することとし、ここでは両者がプラグマティズムに着目していることとの意味を考察しておきたい。上山は、高山が呼応的関係を論じるためにその前段として取り上げたデューイの探究の態度を、パースに引きつけて解釈する。

第三章での議論を今一度復習すれば、高山岩男は問題から解決にいたるまでの探究の態度を、観察する側と観察される側との相互的な関係として捉え、そこに西田的な「場所」の論理を読み込んだ。一方、上山は、デューイの仮説の設定をパースのアブダクション（仮説形成）に、推論をディダクション（演繹法）に、そしてテストをインダクション

（帰納法）にそれぞれ等置する。そのうえでさらにこれらアブダクション、ディダクション、インダクションを、それぞれマルクス主義の直観、思考、実践に重ね合わせる。

この解釈の当否はさておき、高山と上山の仕事を突き合わせてみよう。上山は西田哲学を論じる機会はあったとしても、その「場所」については踏み込んだ発言はしていない。また高山は、マルクス主義には好意的でない。それゆえ両者の議論はすれ違っているように見えるのだが、二人がいずれもプラグマティズムに論及していることに注目すれば、それぞれのプラグマティズムの解釈を通じて西田哲学とマルクス主義が対話する場が期せずして提供されていると言うべきではないだろうか。とすれば戦後の上山春平の議論から、西田から高山にいたる京都学派の再生の道筋が導かれることになるかもしれない。

思い返せば第一章で触れたように、東大心理学の最初の教授である元良勇次郎はアメリカ在学中にパースから学んでいた。西田幾多郎が元良の出身校である同志社英学校の流れを汲んでいること、そして上山春平もパースから多くを学んでいることを考慮すれば、上山が戦後における京都学派の後継者とまでは言い切れないとしても、プラグマティズムからよい刺激を受けて独自の体系を築くという日本哲学史のよき伝統を引き継ぐ者として上山を位置づけるのは、妥当な見方と言ってよいのではないだろうか。

コラム4　広松渉

戦前の京都学派に代わって戦後に台頭したのが、東大教養学部の科学史・科学哲学研究室である。東大文学部が本郷《ほんごう》キャンパスに所在していることと区別して、この学科は「駒場《こまば》」と呼ばれることが多い。その駒場の哲学を代表するのが大森荘蔵《おおもりしょうぞう》（一九二一～九七）と、京都学派に理解のあった広松渉である。

広松渉は福岡県出身、伝習館《でんしゅうかん》高校入学と同時に日本共産党に入党、国際派の活動家として活動したが退学し、大検などを経て東大に入学、名古屋大学などを経て東大教授となる。マルクス主義に現象学と科学哲学の成果を取り入れた独自の学風で知られて、主著としては未完に終わった『存在と意味』が挙げられる。

広松には『〈近代の超克〉論』（一九八〇年）という著作がある。この著作は竹内好の論文「近代の超克」（一九五九年）と並んで、一九三〇年代から四〇年代の思想状況を知るうえで必読の文献とされているが、こと高山岩男の扱いについては大きな問題がある。

京都学派を先導するイデオローグとしての高山の『世界史の哲学』に注目するのは広松の慧眼《けいがん》だが、『世界史の哲学』を論述する際、鈴木成高との論争を終えた後に書かれた「世界史の系譜と現代世界史」に依拠しており、鈴木と論争する以前の「世界史の理念」や、『世界史の哲学』に先行する『哲学的人間学』や『文化類型学』には十分な注意を払っていない。これは恐らくは、これら二つの著作に認められるカッシーラー哲学からの影響を、高山の思索の推移にしたがって丹念に追跡するつもりがもともと広松にはなかったからだと推測される。

あるいは『〈近代の超克〉論』はむしろ、高山よりも鈴木成高を重視しているようにも読める。すでに述べたように、「『近代の超克』覚書」において鈴木は「政治においてはデモクラシーの超克であり、経済においては資本主義の超克であり、思想においては自由主義の超克である」と宣言しているから、こうした論調がマルクス主義者である広松の琴線に触れたと推測される。

こうした広松の言動に対し、高山岩男が弟子に書き送った書簡のなかで「広松という筆者はよく読んで理解していますね。このくらい理解する頭があるなら、上部構造と下部構造を機械的に対応させる唯物史観の公式から脱却できそうなのに、ずい分固陋《ころう》です」と述べ、絶筆となったエッセー「東北アジアが歴史の主役に——日中を軸に「東亜」の新体制を」(一九九四年)に示された広松の心境の変化を予言していたことは、意味深長である。もっともこのエッセーで広松は、冷戦後の世界秩序の中心を中国の東北地方に見定めていたのだから、世界史の舞台を日本に移す高山岩男の世界史の哲学というよりは、日本人と中国人が合体して新たに東亜民族が出現することを待望した三木清の東亜協同体論に接近したと見なすのが適当だろう。

エピローグ　自文化礼賛を超えて——京都学派のポテンシャル

1　唐木順三と「型の喪失」

京都学派とプラグマティズム

ここまで東大哲学科の発足というその準備段階から現在にいたるまでの京都学派の展開を見てきた。それによれば、京都学派は西田幾多郎と田辺元の提唱する哲学体系を基調とし、高山岩男を中心とした京大四天王がその議論を発展させたが、戦後、その中心は戦前拠点とされた京大哲学科ではなく、上山春平の所属する京大人文研に移ったとされた。

そしてそこにいたるまでのあいだ、意外なことにアメリカのプラグマティズムが幅を利かせてきたことも判明した。第三章の再説になるが、創始者の西田の術語法がウィリアム・ジェームズに由来すること、高山がデューイの探究の姿勢を評価したこと、そして上山の議論がパース理解から出発したことを思い起こせば、京都学派はその展開の節々でプラグマティズムの主要な哲学者の三人すべてに関わりをもっていたと考えるべきである。

ひるがえって目下の哲学・思想状況を注視すれば、高名な科学哲学者であるローティ

（一九三一〜二〇〇七）が晩年になってデューイに接近したことを受け、科学哲学を経由したプラグマティズムがネオ・プラグマティズムに装いを変えたことが注目される。この立場はデリダ（一九三〇〜二〇〇四）没後、沈滞したフランス現代思想にとって代わるものかもしれず、またかつての科学哲学が敵視していたヘーゲル弁証法に関心を示す動きを見せていることも考慮すれば、マルクス主義批判を経由したとはいえ早くからプラグマティズムに注目していた京都学派の哲学は、世界の哲学的動向の一歩以上、先に進んでいると言ってよいだろう。

日本文化論にまつわる二つの問題

ここでは京都学派の哲学的展開を踏まえたうえで、そこから派生したある種の歴史理論、日本文化論の是非について論じておきたい。第三章で触れた座談会「近代の超克」での小林秀雄の発言から知られるように、京都学派の日本文化論はかなりの程度、西洋寄りのものであり、それでいて西洋の古典的素養に裏打ちされていないものだった。

こうした問題は、戦後、上山春平によって提唱された日本文明史の展開によってかなりの程度解決された。だがそうだとしても、今度は座談会「世界史的立場と日本」で露呈した侵略主義的な態度に対する反省がどのように継承されるかという問題点が浮上することは避けられないだろう。そこで重要になるのが、第四章で触れた上山自身の戦争体験である。それはまた、上山のパース理解にも深い影を落としている。

上山の戦争への反省の意識は、京都学派を今後現在に生かすために是非とも必要になることだが、それを論じる前に、小林秀雄に批判された日本文化の造詣の浅さについて京都学派内で大いに反省がなされたことをまず指摘しておこう。この作業をおこなったのが京大哲学科出身の唐木順三だが、「教養主義」における型の喪失に対するその批判が、科学者の倫理の荒廃にも向けられていたことに注意したい。こうした批判的な視点を踏まえたうえで、主として鈴木成高が陥った自文化礼賛的な傾向をいかに上山が修正し、ナショナリスティックな日本文化論を克服する方向を模索したかを見てゆこう。

京都学派における唐木の位置

唐木は今日では、日本の中世文学に造詣の深い評論家として名が通っているが、その経歴をたどればれっきとした京都学派の一員である。

唐木順三は長野県生まれ、旧制松本高校を卒業後、京大哲学科に進学し、ベルクソンについての優れた卒論を書きながら研究者を目指さず、一時期文芸批評に勤しんだ。同郷の古田晁《ふるたあきら》（一九〇六〜七三）や臼井吉見《うすいよしみ》（一九〇五〜八七）とともに筑摩書房を創設し、その顧問となった。唐木の働きかけがあって田辺元がその全集の版元を岩波書店から筑摩に移したことは第三章で述べた。

ここまでの叙述でも容易に知られるように、唐木が京大卒業後も京都学派を形成する哲学者たちと交流をもっていただけでなく、京都学派の哲学者たちとも終始良好な関係にあったことは特筆してよい。周知のように京都学派内では、さまざまな哲学者が対立関係にあった。「西田先生の教を仰ぐ」発表後の田辺元は西田幾多郎と対立していたし、プロローグに書いたように西田の後継者として嘱望《しょくぼう》されながら京都を去った三木清は、彼を京大に受け入れなかった田辺を敵視していた。また第三章で触れたようにナチスを賛美した西谷啓治を、田辺は厳しく批判した。

唐木順三

こうした複雑な関係にある三人の哲学者のいずれとも、唐木は親しかった。例えば唐木は三木についての大がかりな回想録である『三木清』（一九四七年）を残しているし、ドストエフスキーについての座談会では、西谷と同席している。田辺との関係が良好だったことは、先ほど指摘した通りである。筑摩から刊行された月刊誌『展望』でも、政治的に見て偏らない書き手が選ばれているが、こうした人選も唐木のバランス感覚に由来すると考えてよい。

教養主義における「型の喪失」

けれどもそういう温厚篤実な唐木ですら、こと「教養主義」には容赦がなかった。唐木が教養主義批判を展開するのは『現代史への試み』（一九四九年）においてである。

「教養主義」とは頻繁に用いられる割には意味がはっきりしない言葉だが、主として旧制高校で重要視されていたドイツ文学とドイツ哲学を基調とした知識と呼んでいいだろう。そうした教養主義の特徴として唐木は「型の喪失」を挙げる。わが国の教養は、たとえ読書の場合でも、何らかの「身体的な外面的な行為」をともなっていたことに唐木は注意を促す。つまり本を読む場合は「朱点を入れたり、扇子をもって読んだり」「師匠の声につられて読む素読」といった身体的動作をともなっていたため、そこで得られた知識も、何らかの型にはめられたものとされていた。けれども大正以降の教養主義の時代の読書は「内面的生活」に閉じこもるものとなり、何ら「外的生活を主問題としな」くなってしまう。こうした教養主義の代表として唐木がやり玉に挙げるのが、阿部次郎の、『三太郎の日記』（一九一四年）である。

唐木によれば、三太郎＝阿部は「先人の行蹟や文書を読んで個性についての考えを豊富に」することで「自己優越の自信は高まる」ものの、そのことで得られるのはあくまでも「個性についての理解」であって「個性そのもの」ではない。また三太郎＝阿部の学問的方法とは「最も自分に適しそうな人を選んで、その人の内面的発展を精細に跡付け、その通った道を自分も内面的に通って見ること」であり、言い換えれば「師の奴隷とならずに、而《しか》も師に信頼して、常に『師』に照して自己を発見する途を進むこと」にとどまる。

言うなれば「師」を外側から観察して「師」の教えをつまみ食いして満足する手合いのものであり、そこには弟子が師を超えるその手前に起きる両者のせめぎ合いや葛藤を避けるきらいがある。それゆえ「師弟の関係が信頼を以て結ばれること」はなく「おのずから身辺の人を離れて古人に向い、直接の関係を離れて書籍に向わんとする」しかないとされる。

現在では大学の講義やゼミにおいて教員が自説を一方的に展開するにとどまり、これに対する学生の反応は眼前の教員に直接的にではなく、授業評価やネットの書き込みを介しておこなわれるため、教員と学生の信頼関係が構築されていないことがしばしば嘆かれる。こうした問題が、すでに阿部次郎の時代に発生していたことに驚かされる。もっとも『三太郎の日記』には、阿部の時代には学ぶに足る「師が現前していない」とも言われているので、本当は真剣な師弟関係を結びたいのだが、そういう師が不在なので読書を次善の策としているとも受け取れる。

つまりは三太郎＝阿部には最初から型を身につける気はなかったとは即断できないわけで、唐木の議論だけで大正以降の教養主義の問題点が剔抉《てっけつ》できるわけではない。それはともあれ明治までの教養の習得が身体的動作を伴っていたのに対し、大正以降では頭でっかちな受容になったため、西洋思想の吸収も付け焼刃になったという指摘は、それなりに首肯し得るものではあるだろう。

科学と倫理の考察——唐木順三と鈴木成高

他方、三・一一以降との関連で注意したいのは、科学者と倫理の関係についての唐木の考察である。絶筆になった『「科学者の社会的責任」についての覚え書』のなかで唐木は、最初の日本人のノーベル賞受賞者である湯川秀樹《ゆかわひでき》（一九〇七〜八一）が原水爆の開発を受け「現代物理学は絶対悪なり」と言う一方で、実験室で自ら立てた仮説が「実験室内で一々実証されてゆくときの『喜悦』といってよいもの」を推奨することの矛盾を指摘し、「この『絶対悪』と物理学の進歩、未発見な未発明のことがらを見出す喜悦とは、どこで、どうつながりうる」のかの考察が大事だと説く。

これも太平洋戦争を引き起こしたわが国の知識人の教養の浅薄さを質す議論の一環と捉

えてよいが、同様の問題意識を京大四天王の鈴木成高も共有していることに注意したい。鈴木は「原子力時代と文化革命――真の平和論を求めて」(一九五二年)のなかで、「原子力という人類の発見した新しいエネルギーが、ただ破壊力としてのみ登場していて、産業革命としては登場していないという」特殊な事情に注目する。通常の技術と社会の関係は、先に社会の需要があってこれに見合う技術が探究されるというものだったが、原子力時代になってこの関係が逆転し、「社会が技術を変革するのではなく、逆に技術が社会を変革する」こととなり、現在言うところのモラル・ハザードが起きているというのである。

こうした状況分析から、原子力時代の新たな倫理を鈴木は次のように提唱する。

近代兵器がもつ殺戮性にたいし、これを防止する手段は、道徳ではなくてただ対抗兵器あるのみであることを、戦争の歴史はわれわれに教える。原子兵器もまた、同じ歴史をくりかえすべきであろうか。さしあたってまず原子兵器の場合には、それに対抗するなんらの科学的手段がないということによって、問題が特異の性格を有する。原爆の脅威のまえにおけるわれわれの絶望感は、殺戮の大量性のゆえだけではなくて、実はそのことによって決定的にアクセンチュエートされている。しかしこのことは大きな問題であるのでなければならぬ。兵器を兵器によって防衛することができないということは、言葉をかえれば、戦争を戦争によって防衛することができなくなってきたことだともいえる。そのことはすなわち、戦争がまさに限界点に達したことを意味する。そしてかかる限界状況においては、さらに原爆以上の強力なる兵器の出現をまってこれに対抗することを期待するというがごときことは、もはや完全に無意味であるといわなければならぬ。

ここにいたってわれわれはいわねばならぬ。原子力時代とは、まさに兵器に対抗するために兵器以外のものを必要とするにいたった時代である、と。

その「兵器以外のもの」が倫理なのだが、そうした倫理の出現は「解体する文化のなかに、真に新時代を担うにたえる正しい構造連関を、原理的なものとして打ち立てるのでなければならない」とされ、それが「文化革命」と呼ばれる。言うなれば「戦争はいやだ」というセンチメンタル・モラルに訴えかけるのではなく「構造革命を通して現実される新しき当為としての客観性」を備えた倫理の確立を求めているのである。

この来たるべき倫理の具体的なイメージを鈴木は語っていないが、「産業革命」に比肩される「文化革命」を通じて誕生する新たな倫理は、恐らくはリアル・ポリティックスを踏まえたテクノロジーの規制という体裁を整えると予想される。こうした鈴木の主張は、グローバリゼーションによって地域の文化が崩壊し、さまざまな軍事的脅威が台頭する状況下にあって今後どういう倫理を構想すべきかを考えざるを得ない現在、示唆に富むものと言えるだろう。そしてこうした鈴木の着想は、第三章で座談会「近代の超克」を扱ったなかで論及したルネサンスの二重性の規定から得られたものだった。繰り返しになるが、鈴木はルネサンスに中世の解体と近代の萌芽《ほうが》という二重性を認めたが、これとの類推で、今度は原子力時代に近代的文化の解体と新たな倫理の台頭を見たのである。

この論文が発表された一九五〇年代前半は、核兵器はともかく、原子力発電の実用化の目途が立っていなかったので、鈴木成高の論評は核兵器の開発に目を注ぐあまり、今日問題となっている原発の倫理的問題に配慮していないと捉える向きもあるかもしれない。けれども第三章でも若干触れた、思想的には左派に位置づけられるはずの三枝博音による原子力の「平和利用」を「空想的且《か》つユートピア的」と一刀両断する辺りは、右派であるはずの鈴木に先見の明があったと言うべきで興味深い。そう考えると、唐木が批判した「教養主義」も、それを血肉化した鈴木成高の言動を見てみれば、なかなか捨てたものではないとは言えないだろうか。

2　上山春平と柄谷行人――ポスト京都学派に向けて

鈴木成高の「脱亜論」

こうして見ると、座談会「近代の超克」で鈴木がルネサンスをどう規定するかについていささか歯切れの悪い物言いに終始したのは、鈴木なりの知的誠実さを示したものと解されるだろう。であれば座談会「世界史的立場と日本」で、その同じ鈴木がヨーロッパ文化の優位性を強調してこれを日本文化と結びつける勇ましい議論を展開し、なぜ高山岩男がせっかく提示した文化相対主義的な視点を封じ込めたのかが不思議に思われてくる。

このことを知る手掛かりとなるのが、第四章で触れた戦後の座談会「日本文化の伝統と変遷」での鈴木の発言である。ここで鈴木は梅棹忠夫の「序説」を踏まえた竹山道雄の立論に対して、次のように全面的な賛意を示す。

鈴木　私は西洋史をやっているわけなのですけれども、中国の歴史、インドの歴史、西南アジアの歴史、つまりアジアの歴史というものは、非常に異質的なのですね。つまり西洋を見てきた眼でみるとき、日本の歴史は案外に西洋と同質的でわかりやすい。ところがアジアの歴史はわかりにくい。またとりつきにくいのです。これは大ざっぱな大たんなことかも知れないですけれども、日本がたまたまアジアに位置しているということは偶然なことではないのか。偶然にアジアに位置して、中国文化、インド文化、そういうものの影響を受けて、それを摂取しながら、日本文化というものを作り上げてきたけれども、しかし日本自体の文化の発展過程というものは、それらのものとまるで違う。

このように日本文化と中国文化の異質性をことさらに強調する鈴木の姿勢に、中国文学者の竹内好は強く反発するわけだが、こうしたある種の「脱亜論」的な視点から、鈴木が戦前の座談会「世界史的立場と日本」をリードしてきたことが分かる。

復習になるが、鈴木は座談会の前段において、高山岩男が提示した「世界史の理念」に対して、自らの専門であるイギリス史を引き合いにしつつ、高山の主張する普遍的世界史の成立を、イギリスを中心とする西洋諸国の勢力が全世界を席捲する時期と捉えている。そして高山が自説に歩み寄りを示したタイミングを見計らって、鈴木は座談会で第二次世界大戦におけるドイツのフランスに対する一時的勝利を強調するよう高山に仕向け、そのようにして中国に対する日本の優位性を示唆していた。

ここで梅棹忠夫の「序説」において「第一地域」として日本とイギリスが一括りにされていた論点が、大きくものを言う。鈴木は自ら専攻する西洋史の研究から導きだされた大英帝国についての理解を日本に適用する機会を長らくうかがってきていたが、日本をイギリスと結びつけるロジックをずっと見出せないでいた。それが戦後の「序説」において、うまい具合にこれら二つの国を結びつける論点が打ち出されたのを受け、戦後の座談会においてさっそく、日英の文化的同質性を強調し、その分だけ中国文化との距離をアピールした、そう考えられるのではないか。

同じことは次のように言い換えることもできる。鈴木は西洋史を本格的に専攻する以前から日中の文化的な差異を自覚していたが、かといって東洋文化に造詣がさほど深くなかったために、そのことをなかなか言い出せないでいた。だが、ここにいたって得意の西洋史にも目配りの利いた梅棹理論の登場を見て、戦前からの自説を展開したのである。だとすれば、唐木順三が「教養主義」全般に認めた東洋的な型の喪失は、やはり鈴木成高にも当てはまると言うべきだろう。ということは、日本には「二つの近代」が存在すると指摘した高山岩男には唐木の批判は当たらないことになるだろう。

自文化礼賛の萌芽

こうして見ると、わが国の知識人のなかには、方法論的には違いはあるものの、どうにかして日本文化を中国文化から際立たせようとする傾向が根強く存在するようである。コラム2で触れたように和辻哲郎が『風土』を著した影の動機は、風土という視点を経由して日本文化と中国文化の異質性を際立てることだった。そのために知識人は自分の専門の都合でイギリスを利用したりドイツを利用したりと、実にさまざまなアプローチを試みたが、その最終的な目的は、中国との差異と中国に対する優位性を示すことにあった。このようにして日本の優位性が言論空間において確定されれば、これを論じるための媒体にしか過ぎなかったイギリスやドイツは用済みになる。現在のネトウヨによる「スゴいぞ日本」的な自文化礼賛は、こうした手続きにより登場したものである。

だとすれば、戦前の二つの座談会において鈴木成高の示した、一見矛盾する知的誠実さと自文化礼賛的な態度は、ある意味ではわが国の知識人に潜在する、中国ないしアジアに対するアンビヴァレントな傾向を代表するものと言えるだろう。これは一定の条件が整えば、世界中のどこでも生じる現象でもある。第一次世界大戦前後で科学研究大国からファシズムに転じたドイツがその実例だし、また空前の経済成長を遂げた最近の中国は一帯一路《いったいいちろ》計画を掲げて、梅棹の言うところの第二地域の復権を狙っているとすら言える。また鈴木のこの自閉的傾向は、これから触れる柄谷行人の『帝国の構造』（二〇一四年）にも潜在するものであり、現在のわれわれも警戒しなければならない問題である。

上山春平のパース理解

こうした日本の知識人のナルシシズムに対するある種の予防線になると思われるのが上山春平の戦争体験であり、またそれに裏打ちされたパース理解である。第四章で論じたように上山は梅棹の「序説」から大きな影響を受けながらも、竹山道雄や鈴木成高のような自文化礼賛的なナルシシズムには陥らず、唯物史観と生態史観のいずれにも偏らない日本文明史の叙述に努めていた。

それによれば、日本を含めた文明国は、農業社会である「第一次文明をしのぐ高度な水準を達成しつつある」。だが、『科学の方法』に不可欠な明晰な論理的感覚をもつということは、何ものかを失うことである」というパースの言葉を引用して上山は、これを「ある善きものを選びとることは、他の善きものを失うことである」と解釈する。これは第四章で引用した「アブダクションの理論」における「不完全な推論のばあいも、ただ前提が充分に言明されていないだけであって、暗黙のうちに仮定されている前提を明るみに出せば、完全な推論になる」という文言に対応していることに注意しなければならないだろう。

先述のように上山は、パースのアブダクション＝仮説形成を、必要な前提が言明されていない不完全な推論と規定したうえで、このようなアブダクションを科学的方法として妥当だと結論づけた。他方、「明晰な論理的感覚をもつということは、何ものかを失うことである」という先ほどのパースの言葉とこの結論を突き合わせれば、アブダクションにあってはたとえ必要な前提が明るみに出されても「何ものかを失うこと」になる。

そう考えたうえで日本文明史の議論に戻れば、日本文明は第一次文明（農業社会）において梅棹の言うところの第二地域たる中国文明から離脱し、また第二次文明（工業社会）においても広い意味での第二地域たるヨーロッパ文明からやや離れた発展をしていることとなるだろう。読みようによってはこうした経緯は古代の有力な中国文明から近代の有力なイギリス文明への乗り換えという都合のいい筋書きのようにも受け取れるが、他方では、アブダクション的に何ものかを失った展開をしているとも解釈できる。つまり、東アジアにもヨーロッパ大陸のいずれにも属さない中途半端な文明の展開が日本文明ということになる。この辺りに戦争体験から得られた上山の日本という国家体制への複雑な思いが垣間見られるのだが、ここでは第二地域の隣国である中国文明の描き方に注目して、上山の心象風景に迫ることにしよう。

空海から最澄へ

まず注目したいのは、上山における空海の評価の変化である。第四章で触れたように、上山の本籍地は高野山《こうや》金剛峰寺《さんこんごうぶじ》のある和歌山県であり、京大在学中の一時期には自己流の真言宗の修行に励んでいた。敗戦後に本籍地に戻ったときには高野山大学で教える話もあったが、給与等の問題で断り、中学校教師の道を選んだという経緯もある。このように上山にとって空海は郷里の英雄以上の存在であり、世界に通用する日本の知識人として自らの日本文明史のなかに位置づけられる予定だった。

けれども一九七七年に唐招提寺《とうしょうだいじ》の鑑真《がんじん》像がパリの美術館で展示されることを記念した論考の依頼が朝日新聞からきて、その準備を進めていくうちに、上山の関心は次第に空海から最澄《さいちょう》に移っていった。周知のように鑑真はわが国に言うなれば僧侶の資格認定であるところの授戒《じゅかい》をするために朝廷から招かれたのだが、その鑑真から直接授戒を受けた僧侶が今度は最澄に授戒したことに上山は注目する。

なぜなら鑑真がわが国にもたらしたのは小乗《しょうじょう》の具足戒《ぐそくかい》と大乗の菩薩戒《ぼさつかい》だったが、その孫弟子にあたる最澄が両者を切り離し菩薩戒のみで授戒は十分であることを朝廷に提言し、朝廷もそれを了承したことが判明したからである。この事実は「インド、チベット、東南アジア、中国、朝鮮等々、さまざまな形で伝えられてきた仏教思想のうち」でも例がなく、また「この戒律革命は、やがて、法然《ほうねん》を経て親鸞《しんらん》に至り、無戒思想の確立という形に徹底される」点で、空海思想の独創性よりも日本文明史の特徴を決定づけるメルクマールとして認識されることになった。

最近では仏教学者の末木文美士《すえきふみひこ》（一九四九〜）が浄土思想の成立を鎌倉新仏教ではなく、平安後期の源信《げんしん》に求める見方を提示して注目されているので、ここで上山が示した見解は、日本仏教の独自性の萌芽がさらに早いことを示唆した点で興味深い。だが、われわれは、むしろ周辺の第二地域（特に中国）との対比で日本思想の位置を際立てる手法に注目したい。この手法は明らかに、パース哲学と梅棹の生態史観をミックスしたアイディアに由来する。こうして上山は、あくまでも中国思想との対比で日本思想を引き立てるという「脱亜論」ならぬ「入亜論」的な議論に勤しむようになる。具体的に言えば、日本思想の展開を、その後のイギリス文明への接近というような近代的な方向に持って行くのではなく、あくまでも東アジア内での消極的な変容として位置づけるということである。

自虐ではない「ネガ（負）」の感情

そうなってくると、「入亜論」を展開するときの上山春平の心象風景とはいかなるものであったのかが気になってくるところである。『神々の体系』にはこのことをうかがわせる一節が見られる。昨今の自文化礼賛の傾向を打破する手掛かりが見出せるので、やや長めの引用をしておく。

人類文化史におけるオリエント、ギリシア、インド、シナ、西欧、といった文化創造の主役たちのポジ（正《せい》）の役割にたいして、これらの主役たちによって生み出された文化を、つぎつぎと貪欲に吸収してあくことのないこの列島のネガ（負《ふ》）の役割こそが、縄文の昔から今日にいたるまで、日本の文化を一貫している基本的な特質であり、これこそは、本居のいう「大御国の古意」にほかならぬのではないか、と考えるに至っている。

こうして、私は、日本文化の特質を、人類文化史上における徹底したネガの役割に見いだすのであるが、文化の創造のみに価値を認めて、その受容と変容を否定的にしか評価しようとしない人びとのように、だから日本の文化はだめなのだ、といったぐあいには考えない。縄文の昔のことはよくわからないが、少なくとも日本が大陸渡来の農耕文明の波をかぶるようになってからの歴史をふりかえってみると、よくもこれだけ好奇の心に満ちあふれて、つぎつぎと外来の文化を摂取しつづけたものと思う。〔中略〕

しかし、よくよくしらべてみると、たしかに輸入と模倣の連続にはちがいないのだが、それだけにとどまっているわけではない。いったんすなおに取り入れたものを、こちらの好みにあうように、いちじるしく変容する過程がそれにひきつづいている。たとえば、仏教では、空海や最澄あたりを転機として、めざましい変容の過程が展開されたのちに、親鸞をはじめとする鎌倉仏教の土着的表現をうみ出しており、儒教では、〔伊藤《いとう》〕仁斎《じんさい》や〔荻生《おぎゅう》〕徂徠《そらい》あたりを転機として、やはりあらわな変容の過程にはいり、三浦梅園《みうらばいえん》、富永仲基《とみながなかもと》、安藤昌益《あんどうしょうえき》らに代表される日本風の十八世紀自由思想を生み出すに至っている。実は、本居宣長の思想も、こうした自由思想の開花の雰囲気のなかに育った一つの異色な土着思想にほかならなかったのである。

私が、塵ほどの卑下の様子もなく、日本文化はネガ（負）の極致である、などとうそぶくのを見て、どこかでポジ（正）のかけらでもみつかりはせぬかと求めあぐねたあげくの居直りではないか、とひやかす人がいるとすれば、私はあえてそれを打ち消そうとは思わない。事実、私の思索のあとをふりかえってみると、それに近い経過もなかったわけではないからである。

しかし、居直りというのは、自らのふるまいをよしとする思想的なよりどころを見いだしえぬままに、そのふるまいを是認するすがたをさすのが普通ではないかと思うのだが、私のばあいは、それまでの自分をとらえていた通念を、根本から変えてしまう新たな観点を見いだしえたという確信に似たものが、いつのころからか次第に芽生えていて、日本文化をネガ（負）の極致とみなす主張を、よろこびに近い感情を以て、是認する気持ちになっているのである。

ここでは第四章で触れた第一次文明（農業社会）と第二次文明（工業社会）の区別が一緒くたにされたまま日本文明の特質が語られているが、鈴木成高との兼ね合いで論じたように、工業社会の局面でも大事なのはやはりアジアとの関わりなのだから、二つの文明の区別にこだわらずに考察しておこう。まずポイントとなるのは、日本文化における輸入と模倣とめまぐるしい変容という相反する過程が、ともに「ネガ（負）」と形容されていることである。その事情について、先述の鈴木成高を例にして分析した自文化礼賛の心理にしたがって考察してみよう。

最初の輸入と模倣が「ネガ（負）」と呼ばれる理由は容易に理解できるだろう。上山によれば、唐《とう》の長安《ちょうあん》に似せた平城京《へいじょうきょう》の建設や、立憲君主制の導入などは、日本人の身の丈に合わない文化移入の格好の事例である。そうした無理に無理を重ねた移入をしていくなかで、突然それをかなぐり捨てるような変容の過程が到来する。

それは一見すると、わが国における独自な思想の台頭のように見えるのだが、他方で無理を重ねた移入に対する単なる反撥のようにも受け取れる。鈴木成高の例で見れば、最初から日本の独自性を言い立てるのではなく、あくまでもイギリスを経由するという道具立てにするあたりが、いまいち独自性を発揮できない日本人の心理を代弁している。

そう考えると、上山の独白は、第三章で引用した「過去に僕等は、知性人である故に孤独であり、西洋的である故にエトランゼだった。そして今日、祖国への批判と関心とを持つことから、一層また切実なヂレンマに逢着して、二重に救いがたく悩んでいるのだ」と歌った萩原朔太郎の『日本への回帰』の一節に近いのかもしれない。

さらに重要なのは、「日本文化をネガ（負）の極致とみなす主張を、よろこびに近い感情を以て、是認する気持ちになっている」というくだりである。ここに読者はある種の自虐に近い心理を認めるかもしれない。けれどもこの前でわざわざ「塵ほどの卑下の様子もなく」と断っていることにも注意しなければならない。外国の文化を闇雲に輸入してはそれを自己流に変容するのは近代において突然始まったものではなく、すでに古代において経験済みの現象であり、そのことを論評を交えずに指摘する辺りに、ナショナリズムの激情に翻弄されない上山の冷静な態度が見てとれるだろう。

自文化礼賛を超えて

筆者はこの辺りの上山春平の心境に、戦時中に人間魚雷「回天」の操縦中の事故で九死に一生を得、また和田稔という戦友を同様の事故で喪《うしな》った傷跡を認める。それはまた、上山を高く評価した若き鶴見俊輔の、戦時中に学恩のあるアメリカに銃口を向けざるを得なかった忸怩たる思いとも重なるものでもある。日本という国は上山にかくも過酷な試練を課したが、その日本を上山は見捨てるどころか受け容れた。ここに筆者は自文化礼賛を超える視点を見届けたい。

本書の冒頭でも掲げたように安倍晋三首相とトランプ大統領は、それぞれ「日本を取り戻す」とか「アメリカを再び偉大にする」とかと連呼し、過去の栄光を取り戻すことを政策の主眼としている。ここから直ちに出てくる素朴な疑問は、もしも日本なりアメリカなりが過去の栄光を取り戻せなければ、彼らは自分の国を愛せないのだろうかということだ。親子関係で類推すれば、自分の子どもがノーベル賞をとったりオリンピックで金メダルをとったりしなければ、親はその子どもを愛せないのか、ということである。

子どもの出来がよくなくても、あるいは子どもが美しくなくてもその子どもの現実を受け入れかわいがるというのが、一般的な親の愛情ではないだろうか。もしもそれができないとすれば、それはその親が幼いころ、日本国憲法で言うところの個人として尊重されなかった結果だろう。聖書に引きつけた言い方をすれば、田辺元が懺悔道において「死即復活」を経由して戦後の日本の再生を祈念したのに対し、人間魚雷「回天」の戦友に「田辺元の一番弟子」と評された上山は、放蕩息子《ほうとうむすこ》を愛する態度で戦後の日本に向き合ったと言えるのではないだろうか。

注意しなければならないのは、放蕩息子の過ちを父親は許していないことである。放蕩息子の欠点をすべて承知のうえで、この過ちの多い放蕩息子を父親は受け容れたのである。これとの類推で考えれば、上山は「南京事件は存在しなかった」「従軍慰安婦は強制ではない」と言い立てることで戦前の日本を美化するのではなく、その過ちを冷静に分析し認識したうえで、それでも愚かしい日本を等身大で受け止めるという態度を貫いたと言うことができるだろう。ここには、戦前の日本を過度に賞賛したり貶めたりせず、冷静に距離をとってながめる姿勢が見てとれる。

日本文明史の問題点

ことわっておくが、上山春平の日本文明史観に、筆者が全面的に賛同しているわけではない。例えば前述の『深層文化論序説』の前提となる中尾佐助《なかおさすけ》（一九一六〜九三）の照葉樹林文化論は現在、批判にさらされているし、記紀神代巻の成立時期をめぐって上山は、日本古代史研究の大御所である井上光貞《いのうえみつさだ》（一九一七～八三）とも論争していた。『埋もれた巨像——国家論の試み』（一九七七年）は、盟友である梅原猛の問題作『隠された十字架——法隆寺論』（一九七二年）と気脈を通じた著作とも言われている。

けれども日本哲学史的に見て重要なのは、日本史の正しい理解ではなく、パースのアブダクションと梅棹忠夫の生態史観を結びつけて上山が日本文明史を構想したという事実である。かつて桑原武夫は梅棹忠夫と鶴見俊輔を天才と称し、上山春平を「秀才の最たる者」と評したが、上山はその二人の天才の思想を換骨奪胎《かんこつだったい》して自家薬籠中のものとしたのだろう。自文化礼賛とも言われる「自虐史観」からも解放された上山の視点は、最近、話題になった柄谷行人の『帝国の構造』を理解するうえでも大変有益である。

柄谷行人と『帝国の構造』

ここで柄谷の足跡にも簡単に触れておこう。柄谷は兵庫県出身で当初は文芸評論家として活動していたが、盟友的存在であった小説家の中上健次《なかがみけんじ》（一九四六～九二）の没後は体系的思考に沈潜し、『トランスクリティーク』（二〇〇一年）と『世界共和国へ』（二〇〇六年）ではカントに接近した。そして『世界史の構造』（二〇一〇年）において独自のマルクス解釈に到達するなど、広松渉没後のもっとも有力な左派知識人と見なされている。『帝国の構造』はこの『世界史の構造』の応用編と位置づけられている。他方でコラム3で触れた久野収とも交流をもち、久野を通じて京都学派の事情にも詳しい。

それでは『帝国の構造』に準じて柄谷の議論の概要をまとめておこう。『世界史の構造』を受けて柄谷は交換様式をA　互酬（贈与と返礼）、B　略取と再分配（支配と保護）、C　商品交換（貨幣と商品）および、Dに相当するXに四分する。現代社会の一般的な意味での「交換」はCに当たる商品交換だが、柄谷はもともと共同体の内部での交換様式はAに当たる互酬交換であり、次いで国家が形成されることでBの略取と再分配という交換様式が登場すると見なす。

このように共同体から国家への交換様式の転換を見届け、他方で商品交換の意義を見据えたうえで、AからCまでの図式が見直される。Bは略奪と再分配を特徴とする国家と見なされ、かつては共同体的な互酬関係が支配的だったAはネーションとして捉え直される。他方でCは資本と解され、ここで国家とネーションと資本からなる三位一体の形式が提示される。

それでは、交換様式の段階からXとして言及されないままでいたDは、どう規定されるのだろうか。柄谷はこれまで論じてきた共同体の解体と国家の形成および資本主義の浸透を踏まえたうえで、世界システムを次の四パターンに規定する。すなわち互酬によって形成されるミニ世界システムに相当するA、略奪と再分配によって形成される世界＝帝国であるB、商品交換によって形成される世界＝経済（近代世界システム）であるC、そして国家とネーションと資本からなる三位一体を超越する、世界共和国としてのDである。この世界共和国をカントが夢想したものと捉え、『トランスクリティーク』と『世界共和国へ』においてこの問題を追究する。

「世界＝経済」と「世界＝帝国」

柄谷はマルクスが帝国として想定したものが東洋的専制国家のみに限定されていることを批判し、改めて略奪と再分配を原理とする交換様式Bを基調とするものを世界＝帝国と見なす。そしてその観点から、次のように帝国の中心・周辺・亜周辺という具合に三分された独特の地政学的見地を提示する。なお「亜周辺」というやや聞き慣れない用語については、後ほど説明する。

一般的に、世界＝経済は、世界＝帝国の「亜周辺」において成立した、ということができます。ギリシアは、エジプトやペルシアの帝国の亜周辺にあった。ヨーロッパはさらに、ローマ帝国の亜周辺にあった。したがって、そこでは、帝国が成立しなかった。たとえば、フランク王国のシャルルマーニュはローマ教会の教皇から西ローマ帝国皇帝の冠を授けられましたが、それは東ローマ帝国に対抗する名目上の存在でしかなかった。神聖ローマ帝国も同様です。〔中略〕

このような〝帝国〟の中では、王、封建領主、教会がたえまなく抗争していました。そして、王・封建領主・教会らが競合する中で、その間隙をぬって、自立的な都市が栄えた。そのことが、世界＝経済、つまり交換様式Cが優位であるようなシステムをもたらしたのです。さらに、それを背景にして、教会＝帝国の優位を否定する絶対王政、あるいは主権国家が登場した。ウォーラーステインのいう「近代世界システム」は、そのようなものです。

ここでは帝国は成り立ちません。たとえ帝国のように広域圏を支配するとしても、帝国ではない。それは「帝国主義」でしかありえません。

第三章で触れたように、ここでの柄谷の発言は、鈴木成高からの修正要求を受け容れた高山岩男の考えに接近しているが、もう少し柄谷自身の思想の道筋に付き合うことにしよう。ともするとわれわれは、ローマ帝国を起点としたヨーロッパ列強を中心とする「帝国主義」をイメージしがちだが、柄谷はそうした発想はマルクスが否定的に捉えていたアジアの帝国を等閑視した結果だと考え、むしろアジアの帝国の歴史を振り返る。そこから亜周辺としてのイギリスと日本の立場が浮かび上がる。

「亜周辺」としてのイギリスと日本

まずはイギリスの立場から見ておこう。柄谷は帝国の興亡を秦《しん》からモンゴルにいたる東アジアの帝国を皮切りにして、ロシア、オスマン、ムガール帝国を経て、一八〇〇年頃において世界＝帝国と世界＝経済の立場が逆転したと説く。これまでの世界帝国が国家の首都である都市が政治的中心と経済的中心を兼ねていたのに対し、世界＝経済は、交易を活動の中軸とするがゆえに交易の拠点を次々と移動させる。言うなれば、帝国の「中心」から外れた周辺・亜周辺にヘゲモニー国家は生じるのだ。そのうえで柄谷は、「ジェノバからスペイン、オランダ、さらにイギリスへ」のヘゲモニー国家の移動をヨーロッパ近世の歴史と重ね合わせ、「世界＝帝国が『陸』であるのに対して、世界＝経済は『海』に向かう」と述べる。

イギリス以外に周囲を海に囲まれた国家として思い浮かべられるのは、当然のことながら日本である。柄谷は日本も帝国の「亜周辺」だと見る。柄谷は中国学者のウィットフォーゲル（一八九六～一九八八）の整理を援用して「亜周辺とは、中心から隔たっているが、中心の文明が伝わる程度には近接した空間」であり「周辺とは違って、中心による直接的支配の恐れがなく、文明の摂取を選択的に行なうことができるような空間」と言う。周知のように日本は世界＝帝国たる中国に近接しているものの、朝鮮のように陸続きではないため、中華帝国の冊封体制《さくほうたいせい》に入ることはなかった。それゆえ平安時代には、中国が動乱の時期に入ると大陸との交流を止めて、国風文化を開花させたこともあった。

日本文明史との関連

ここから柄谷は、日本の封建制の成立を、同じ亜周辺であるヨーロッパとの対比で説明してゆくのだが、ここまでの議論から容易に気づかされるのは、上山春平の日本文明史がこの『帝国の構造』の大部分の論点を先取りしていることである。共同体から国家への転換、そして国家から資本への転換は、それぞれ第一次文明（農業社会）、第二次文明（工業社会）の成立と同一視できるし、またイギリスと日本を亜周辺として一括りにする発想も、第四章で触れた「周辺文明ないし亜流文明」という上山の言葉づかいを想起させる。

また上山の議論を下支えしているのが梅棹忠夫の生態史観であり、その生態史観を京大四天王の一人である鈴木成高が評価していることに鑑みれば、柄谷行人の議論は皮肉にも、かつて『〈戦前〉の思考』（二〇〇一年）などで否定的な評価を与えてきた京都学派に近づいていることが分かる。さらにコラム4でも触れた広松渉の「転向」も考え併せると、皮肉にも京都学派の批判者が、批判されたはずの京都学派の方向に接近するという現象が繰り返されたと言うこともできる。

ポスト京都学派へ

二一世紀に入った現在でも京都学派の思想的吸引力がそれだけ大きいことがこれで知られるが、それでは京都学派の有していた戦争協力的な側面から訣別する方向性はどのようにして見出せるだろうか。そのヒントは先に触れた鈴木成高のある種「教養主義」的な傾向を、上山春平の戦争体験が批判するという論点から引き出せると思われる。

再説すると、戦前の鈴木は、梅棹の生態史観を先取りするかたちで日本とイギリスの同質性を強調することで、座談会「世界史的立場と日本」において文化相対主義的な視点を有する高山岩男の『世界史の哲学』を批判し、高山に中国（第二地域）に対する日本（第一地域）の優位性を認めさせた。こうした鈴木のもつ西洋寄りかつ日本の伝統に疎い「教養主義」的心性の遠因を、上山は海外の文化を急速に移入してはこれを変容させるわが国の根深いネガ（負）の感情に見出し、その感情に向き合うことで特攻により多くの若い命を犠牲にした日本の現実を直視し、それを受け容れたと解釈できよう。ネトウヨのように過去から目をそむけて自文化礼賛に邁進するのではなく、かかる過失を犯した愚かさも含めて日本を直視する気概をもてば、柄谷の理路整然とした議論の展開から、見当違いにも〈「亜周辺」の国々こそがこれからの世界史の主役である〉というナショナリズムを導く読者は減ってゆくだろう。

こうして見ると、京都学派の哲学は、現在では新京都学派に分類される上山春平の思想を含めることで、ようやく戦前の負の遺産を乗り越える視点を獲得したと言えるだろう。その上山の欠点を挙げるとすれば、西田幾多郎の「純粋経験」、田辺元の「種の論理」、そして高山岩男の「呼応的関係」に匹敵する独自の体系の特徴を言い当てる術語が不在なことである。第四章の末尾で触れたように、上山と高山の議論はプラグマティズムの理解で相通じるところがあるので、高山の「呼応的関係」と上山の言う「ネガ（負）の感情をつなぎ合わせて論じていけば、名実ともにポスト京都学派とでも言うべき新たな思考の地平が開かれるだろう。

冒頭でも述べたように、戦後七〇年を過ぎての世界情勢は、第二次世界大戦の戦勝国を中心とした常任理事国だけには任せられない時期に入りつつある。それどころか近い将来、国家が乱立する「誰のものでもない世界」が到来すると警告する声すらある（チャールズ・カプチャン）。戦中の反省は反省として受け止め、二〇一六年に京大ではじめて開かれた日本哲学会のシンポジウムでも示唆されたように、少なくとも戦争の始まる前と今日的状況を比較・照合して、京都学派によるさまざまな問題提起を参考にしながら、新たな世界史的哲学を構築することが喫緊《きっきん》の課題だろう。そしてその際には、どの国が今後ヘゲモニーをもつべきかを論じるのではなく、上山の指摘するような文明史の道筋がどこの地域でも可能であることを、いい意味でも悪い意味でも身をもって経験した日本を先例として、堂々と説明してゆくべきである。

読書案内

西田幾多郎、田辺元および三木清の論文は岩波文庫で読むことができる。そこには西田のデビュー作でもっとも有名な『善の研究』も含まれる。『善の研究』の序には「第一編は余の思想の根柢である純粋経験の性質を明にしたものであるが、初めて読む人は之を略する方がよい」と書かれてある。要は、第一編は難解なので読み飛ばして構わないということだが、その第一編で西田哲学の根本をなす「純粋経験」が話題になっているので、著者の言葉を真に受けてはいけない。専門家のあいだで西田哲学のキーワードは純粋経験よりも、「場所」や「行為的直観」であるという意見がよく出されているが、これらを理解する早道は存在しない。まずは『西田幾多郎哲学論集Ⅲ』に収められた絶筆の「場所的論理と宗教的世界観」を読んで、そこから岩波書店の『西田幾多郎全集』(旧版と新版とで巻数と頁付けが違うことに注意)所収の論文を少しずつ読み進める以外に方法はない。

後期田辺の主著である『懺悔道としての哲学』は『田辺元哲学選Ⅱ』に収められているが、前期田辺の代表作と見られる『ヘーゲル哲学と弁証法』はこのシリーズに入っていない。「種の論理」関係の論文も『田辺元哲学選I』に完全に収められているわけではない。本文にあるように筑摩書房の『田邊元全集』はだいぶ前に絶版になり、入手は難しい。

三木清については『パスカルにおける人間の研究』が岩波文庫に収められており、また『人生論ノート』が新潮文庫、角川ソフィア文庫に入っているが、初期の代表作である『唯物史観と現代の意識』は文庫で読むことはできない。昭和研究会関連の論考はこぶし書房が刊行しているこぶし文庫の『東亜協同体論集』に収められている。ただし文庫といってもハードカバーの単行本の体裁をとっているので、注意したい。なお『三木清全集』はだいぶ前に岩波書店より刊行されている（現在は品切れ重版未定）。

京大四天王の著作はこのこぶし文庫と、燈影舎の京都哲学撰書でカバーできる。高山の前期と後期の主著である『世界史の哲学』と『場所的論理と呼応の原理』はそれぞれこぶし文庫と、燈影舎の京都哲学撰書に入っている。高山以外の歴史哲学関係の論考は京都哲学撰書の『世界史の理論』に収められている。戦後の西谷啓治の『宗教と非宗教の間』は岩波現代文庫に入ってはいるが、戦前の西谷の思索を知るにはあまり参考にならない。幸い鈴木成高以外の四天王は著作集が刊行されているので（『西谷啓治著作集』創文社、『高山岩男著作集』玉川大学出版部、『高坂正顕著作集』学術出版会）、こちらに最初から当たる方が手っ取り早いかもしれない。

高橋里美の「包弁証法」の要旨も京都哲学撰書に収められている。全集もだいぶ以前に福村出版より刊行されている。三宅剛一の第二の主著である『人間存在論』は、大文字版で講談社学術文庫に収められている（現在品切れ重版未定）。全集ないし著作集は存在しない。上山春平の著作集は法蔵館より刊行されたが、一冊一冊の価格が高価なので、『弁証法の系譜』のみに関心のある読者にはこぶし文庫をすすめたい。

あとがき

講談社からは前著『弁証法とイロニー――戦前の日本哲学』に続く二冊目の刊行である。前著を担当してくださった山﨑比呂志さんが講談社現代新書担当に異動となり、「京都学派について何か書きませんか」というお誘いを受けて、本書を上梓することとなった。前著のあとがきでは今後は自分の専門分野に戻りたい旨の決意を書いたこともあって、その約束を読者に対して早々と破ってしまったとの感がある。いっそのこと丸山真男にならって、日本哲学史研究を「夜店」として開業しようと開き直ろうかとも思ったが、その後の周囲の変化により、現在では胸を張って堂々と本書を世に問いたい気持ちになっている。その心境の変化については後述するとし、まずは私の「京都学派」への思いを書いておきたい。

中学時代に手塚治虫の『ブッダ』を読んで以来、高校入学以後の私のしばらくの関心は仏教思想にあった。とりわけ本場インドにおける仏教思想の展開に興味があり、これについて概説的な解説をしている本を高校時代に書店で探したら、角川書店に『仏教の思想』というシリーズがあることを知り、第二巻から第四巻までを買い求めた。そのうち第三巻で取り上げられたナーガールジュナの透徹した論理思想に心惹かれるものがあった。これら三つの巻に共通する書き手こそが上山春平であり、このときはじめて京都学派の存在を意識した。

第四章でも触れたが、上山が人脈的には桑原武夫を中心とする人文科学研究所に連なり、また非西田系に属する梅原猛と近しいことをその後知って、上山をもって京都学派の代表とする考え方は撤回したが、それでも筆者にとって京都学派とは古今東西の哲学概念を縦横無尽に扱う論者たちのことであり、いまでも未練のある仏教思想を研究するうえで十分心に留め置くべき勢力だと思っている。また京大の院生には東大とは違って、指導教員の批判を口にしながら酒を酌み交わすという、自由闊達なイメージがある。

東北大学入学後ほどなくして、仏教思想を研究するにはサンスクリット語・パーリ語・チベット語という三種の言語をマスターしなければならないことを聞かされ、生来語学の苦手な私はとても仏教は研究できないと思った。そうこうしているうちに図書館で文学部に在籍した矢島羊吉先生の『空の哲学』を読む機会があり、高校時代になじんでいたナーガールジュナが西洋思想の研究者でも論じられることを知って、専門分野を西洋哲学に変更した。生前親交のあった東北学院大学の佐々木俊三先生によると、『空の哲学』の執筆は「これで私の仕事は終わった」と周囲にもらされるほどの難事業で、出版後、矢島先生はほとんど失明同然になられたという（『遠来の跫音――随筆と語り』荒蝦夷、二〇一四年）。

当初は矢島先生ご自身がニーチェを集中的に研究した時期があったのでニーチェを専攻したいと思っていた。けれども後年、日本倫理学会の懇親会で挨拶をする機会を得た広島大学の河野真氏が、著書の末尾にシェリングは大乗仏教の魂を有していると書いていたのに私は刺激を受け、現在にいたるまでシェリングを専門としている。

このように西洋哲学を研究しながらも東洋思想に後ろ髪を引かれる思いが強かったので、人生のどこかの節目で京都学派に真剣に取り組まなければならないと思っていた。けれども東北大学の哲学研究室には、私の率直な気持ちを披露する雰囲気は残念ながらなかった。研究者の少ないシェリングについての話題を先輩たちとの会話で日頃より避けていた私は、その代わり弁証法についての話をもちかけると、先輩たちは異口同音に「弁証法といえば広松だ」と言って、その後は広松渉の四肢的構造連関に話題を換えるのがつねだった。個人的には広松よりも梯明秀のマルクス主義解釈に興味があったのだが、当時の研究室の面々には京都学派はおろか、西日本在住の哲学研究者自体にまったく関心がなかった。

その広松氏（直接的な師弟関係がないので、以後、こう表記する）が、「直接の指導教官ではなかったが、現象学研究の大家である滝浦静雄先生が退職された直後の一九八九年に、東北大学で連続講義をなさることとなり、研究室は色めきたった。糖尿病を患っていた氏の身を案じて、講義の合間に豆腐専門の料理店で院生主体の懇親会が開かれた。広松氏は終始笑みを浮かべながら参加した学生の専門を聞いてそれに優しくコメントするという対応をしていたが、私の順番になって私の専門がシェリングだと聞いた途端、氏の顔から一瞬にして笑みが消え、語気を強めて「君は同一哲学をどう考えているのか」と詰問された。「まだそこまでやっていません」と答えると、氏は「はい、次」と吐き捨てるように言い、私に見向きもしなかった。前著で述べたように京都学派の真骨頂は非マルクス主義的解釈だったので、京都学派の多くが持ち上げるシェリングが広松氏には気に入らなかったのだろう。

本書で取り上げた論者で私が会ったことがあるのはこのように広松氏ただ一人だが、それぞれ東北哲学会の初代会長と第二代会長である三宅剛一と高橋里美を本論に盛り込めたのは幸いだった。このうち高橋については、少なくとも私が在籍した当時の哲学倫理学合同研究室（東北大学ではこう呼ばれている。略して合研）の目立った場所に、一九八三年に仙台で催され、幸い私も参加できた講演会の折にジャック・デリダが書いたサイン入り色紙の隣に、高橋の写真が飾られてはいたが、少なくとも私の院生時代に高橋に興味を示す者は誰もいなかった。助手時代に教授会終了までの待機時間に合研の奥に置かれていた高橋全集を読み進むにつれて、歯に衣を着せない高橋の小気味よい言説に心地よい思いをした旨のことを、先輩たちに時々話したものの、弁証法のときと同様に一向に関心を示す様子はなかった。遅ればせながら最近になってようやく東北大学の関係者を中心に国際高橋里美研究会が発足し、昨年その最初の会議に出席したが、こと「包弁証法」についての議論はそれほど活発ではなかったので、高橋哲学の理解はまだまだ深まっていないという印象を受けた。

このように過去に周囲ではかばかしい反応がなかったこともあって、本書の執筆の準備をするまでしばらくは高橋里美を読んでいなかった。今回改めて高橋全集を繙き、月報の隅々まで目を通したところ、先述の滝浦先生が「現象学的還元の可能性について」において高橋がフッサールの所説を逐一反駁している旨のことを書いているのが目に留まった。少し専門的な話になるが、滝浦先生が高橋をどのように見ていたかがよく分かる話なので、やや長めの引用をしておきたい（「高橋哲学と現象学（月報七）」『高橋里美全集』一九七三年）。

この論文の問題は、現象学的還元によってはたしてすべての対象が意識に内在化されうるか、という点にある。先生によれば、「還元」とは「自然的態度の一般定立」を否定することではなく、ただそれを括弧に入れて作用させないでおくこと、要するに「反省」の立場に立つことにほかならない。とすると、対象を超越的なものとして定立する「超越的存在定立」は、還元によって初めてまさにそのようなものとして反省の眼に呈示されるだけのことであって、決して意識に「内在化」されることにはならないはずなのである。同様に、対象の意味的構成というフッサールの考えも、先生によれば、必ずしも現象学的反省と両立するものではない。反省の眼はむしろ、「意味志向」のほかに、「実在志向」ないし「超越志向」があることに気づかせてくれるはずだからである。

こう見ただけでも、すでに先生とフッサールとの対立の深さがうかがえよう。フッサールにしてみれば、現象学的還元による内在化の作業を抜きにした現象学はありえないし、もともと対象の実在性や超越性をも「意味」として捉え直そうというところに彼の根本発想があったのではないか。としてみると、高橋先生はほとんどフッサールの議論の内部には入りこんでおられなかったように見受けられるのである。事実、この論文では、「現象学的還元」と「現象学的判断中止」とが十分区別されていないし、また「意味」の問題については、当然「形相的還元」が顧みられるべきなのに、それにもほとんど触れられてはいない。ところが、前年に書かれた「フッセルの現象学」では、そうした操作がすべて見事に解説されているのである。これは、いったいどういうことなのだろうか。思うに、高橋先生は、昭和五年のこの論文では、ほとんど無意識的とも言える形で、規格通りの現象学的手続きを無視しようとされていたのではなかろうか。

これを読んで連想したのは、田辺元が「弁証法の論理」において述べたヘーゲルとシェリングの関係づけである。詳しくは本論を参照してもらいたいが、ここで田辺は従来の評価とは正反対に、ヘーゲルを発出論的な立場と規定したうえでシェリングをヘーゲルよりも弁証法的に優れていると評価している。こうした田辺の立論は哲学史的常識から言えばまったくの暴論だと受け取られそうだが、ここで高橋はある意味で田辺と同様に現象学的な常識に挑戦していると考えることができる。そして滝浦先生はこうした高橋の議論に戸惑いを感じつつも、心中ではその勇気に拍手をしていると思ったのである。

話題が高橋里美から滝浦先生へとそれてしまうことをお許し願いたい。震災直後の二〇一一年に亡くなられた先生のご葬儀の直後に開かれた思い出を語る会で、今はかなりお年を召された先生のお弟子さんたちが次々と滝浦先生の指導が厳しかったことを話されたため、最後に孝子夫人が「主人に代わってお詫びします」という異例の挨拶をされたが、それを聞いて弟子と面と向かって話す際には厳しい言葉しかかけなかった田辺が、献本の礼状では実に細やかな気配りを見せていたことを連想し、手紙のなかでは私に優しかった滝浦先生は、ひょっとしたら高橋を経由して田辺をかなり意識されたのではなかったかという思いが心をよぎった。本論にも書いたように田辺には東北大学助教授だった時期があるので、あながち私の感傷的な推測ではないだろう。

またやはり助手時代に合研の書棚を整理したら、滝浦先生が「デカルトの自由論」と銘打った論文を掲載した京大の『哲学研究』を見つけた。少なくとも先生が若いときは、現在とは違って居住の場所が東日本か西日本かに関係なく忌憚のない議論をしていたことがうかがわれ、グローバル化した現在こそこうしたかつての風潮を是非とも復活させてほしいと思う次第である。

前著の末尾では使用言語を尺度にした日本哲学と欧米哲学の棲み分けは意味がなく、両者は相互に影響し合わなければならないと述べたが、本書ではそうした関係が共時的にとどまらず通時的に拡大しなければならないと考えるにいたった。日本哲学史について書くことにためらいを抱かなくなったのは、こうした事情ゆえのことである。読者の方々からの率直な意見表明をお待ちする。

忖度が横行し忘災が加速することを危惧する二〇一八年早春

菅原　潤

講談社現代新書　2466
京《きょう》都《と》学《がく》派《は》
二〇一八年二月一三日第一刷発行　二〇二四年一〇月二日第二刷発行

著　者　菅《すが》原《わら》潤《じゅん》

発行者　篠木和久
発行所　株式会社講談社
東京都文京区音羽二丁目一二―二一　郵便番号一一二―八〇〇一
電　話　〇三―五三九五―三五二一　編集（現代新書）
〇三―五三九五―四四一五　販売
〇三―五三九五―三六一五　業務
装幀者　中島英樹
印刷所　株式会社ＫＰＳプロダクツ
製本所　株式会社ＫＰＳプロダクツ
定価はカバーに表示してあります　Printed in Japan

N.D.C.102　264p　18cm
ISBN978-4-06-288466-2

「講談社現代新書」の刊行にあたって

教養は万人が身をもって養い創造すべきものであって、一部の専門家の占有物として、ただ一方的に人々の手もとに配布され伝達されうるものではありません。

しかし、不幸にしてわが国の現状では、教養の重要な養いとなるべき書物は、ほとんど講壇からの天下りや単なる解説に終始し、知識技術を真剣に希求する青少年・学生・一般民衆の根本的な疑問や興味は、けっして十分に答えられ、解きほぐされ、手引きされることがありません。万人の内奥から発した真正の教養への芽ばえが、こうして放置され、むなしく滅びさる運命にゆだねられているのです。

このことは、中・高校だけで教育をおわる人々の成長をはばんでいるだけでなく、大学に進んだり、インテリと目されたりする人々の精神力の健康さえもむしばみ、わが国の文化の実質をまことに脆弱なものにしています。単なる博識以上の根強い思索力・判断力、および確かな技術にささえられた教養を必要とする日本の将来にとって、これは真剣に憂慮されなければならない事態であるといわなければなりません。

わたしたちの「講談社現代新書」は、この事態の克服を意図して計画されたものです。これによってわたしたちは、講壇からの天下りでもなく、単なる解説書でもない、もっぱら万人の魂に生ずる初発的かつ根本的な問題をとらえ、掘り起こし、手引きし、しかも最新の知識への展望を万人に確立させる書物を、新しく世の中に送り出したいと念願しています。

わたしたちは、創業以来民衆を対象とする啓蒙の仕事に専心してきた講談社にとって、これこそもっともふさわしい課題であり、伝統ある出版社としての義務でもあると考えているのです。

一九六四年四月　野間省一

哲学・思想Ⅰ

哲学・思想Ⅱ

日本史Ⅱ

2319 昭和陸軍全史3——川田稔
2328 タモリと戦後ニッポン 近藤正高
2330 弥生時代の歴史——藤尾慎一郎
2343 天下統一——黒嶋敏
2351 戦国の陣形——乃至政彦
2376 昭和の戦争——井上寿一
2380 刀の日本史——加来耕三
2382 田中角栄——服部龍二
2394 井伊直虎——夏目琢史
2398 日米開戦と情報戦——森山優
2401 愛と狂瀾のメリークリスマス 堀井憲一郎
2402 ジャニーズと日本——矢野利裕
2405 織田信長の城——加藤理文
2414 海の向こうから見た倭国 高田貫太
2417 ビートたけしと北野武 近藤正高
2428 戦争の日本古代史——倉本一宏
2438 飛行機の戦争 1914-1945——一ノ瀬俊也
2449 天皇家のお葬式——大角修
2451 不死身の特攻兵——鴻上尚史
2453 戦争調査会——井上寿一
2454 縄文の思想——瀬川拓郎
2460 自民党秘史——岡崎守恭
2462 王政復古——久住真也

宗教

日本語・日本文化

105 タテ社会の人間関係　中根千枝
293 日本人の意識構造──会田雄次
444 出雲神話──松前健
1193 漢字の字源──阿辻哲次
1200 外国語としての日本語──佐々木瑞枝
1239 武士道とエロス──氏家幹人
1262 「世間」とは何か──阿部謹也
1432 江戸の性風俗──氏家幹人
1448 日本人のしつけは衰退したか──広田照幸
1738 大人のための文章教室　清水義範
1943 なぜ日本人は学ばなくなったのか──齋藤孝
1960 女装と日本人──三橋順子
2006 「空気」と「世間」──鴻上尚史
2013 日本語という外国語　荒川洋平
2067 日本料理の贅沢──神田裕行
2092 新書　沖縄読本──下川裕治 仲村清司　著・編
2127 ラーメンと愛国──速水健朗
2173 日本人のための日本語文法入門──原沢伊都夫
2200 漢字雑談──高島俊男
2233 ユーミンの罪──酒井順子
2304 アイヌ学入門──瀬川拓郎
2309 クール・ジャパン!?　鴻上尚史
2391 げんきな日本論──橋爪大三郎 大澤真幸
2419 京都のおねだん──大野裕之
2440 山本七平の思想──東谷暁